ISBN 3-930206-64-1

01 02 03 04 4 3 2 1

Umschlag: Piva & Piva, Darmstadt
Druck und Bindung: Thiele & Schwarz, Kassel
Printed in Germany

Wort-Konkordanz zum Regionalteil Hessen des Evangelischen Gesangbuchs

Redaktion: Kirchenmusikalische Fortbildungsstätte Schlüchtern
Gunther Martin Göttsche, Barbara Famulok

Hinweise zum Gebrauch

Es handelt sich um eine vollständige Wortkonkordanz, die alle Substantive, Adjektive und Verben berücksichtigt. Zu jedem Stichwort (Fettdruck) werden alle Fundstellen in der Reihenfolge ihres Vorkommens im Regionalteil Hessen unter Angabe der Liednummer, der Strophennummer und des Textes der betreffenden Liedzeile genannt.

Artikel, Präpositionen, Pronomina und Füllwörter sind nicht berücksichtigt. Alle Substantive sind als Nominativ, Verben unter ihrem Infinitiv Präsens zu finden: „Nimm Gottes Liebe an" erscheint unter „annehmen" (und natürlich auch unter „Gott" oder unter „Liebe").

Vorwort

Im Jahre 1994 wurde in der Evangelischen Kirche in Hessen und Nassau und in der Evangelischen Kirche von Kurhessen-Waldeck das Evangelische Gesangbuch eingeführt. Seither haben sich auch die 117 Lieder des gemeinsamen Regionalteils Hessen in beiden Gliedkirchen bewährt.
1995 erschien die Wort-Konkordanz zum Stammteil des Evangelischen Gesangbuchs beim Verlag Vandenhoeck & Ruprecht. Um den gesamten Bestand der hessischen Gesangbuch-Ausgabe nach Stichwörtern erschließen zu können, war eine zusätzliche Regionalteil-Konkordanz zu erarbeiten. Mit dieser Aufgabe wurde die Kirchenmusikalische Fortbildungsstätte Schlüchtern im Jahre 1998 betraut.
Wir legen hiermit den Ergänzungsband vor und wünschen, dass er Pfarrer/innen, Prädikanten/innen, Lektoren/innen, Kirchenmusiker/innen und alle, die mit dem Evangelischen Gesangbuch arbeiten, sinnvoll unterstützt.

Schlüchtern, im Mai 2001
Gunther Martin Göttsche

Abend
645,1 Der Abend kommt, die Sonne sich verdecket

Abendopfer
645,8 Mein Herz sich dir zum Abendopfer schenket

ablegen
634,3 Leg deine Rüstung ab

Advent
536,1 Singet fröhlich im Advent, laßt nun alles Trauern
536,5 Singet fröhlich im Advent, preiset Gottes Taten

angehören
598,9 nichts ist mein, das Gott nicht angehöre

ängstlich, Ängstlichkeit
584,3 meine Ängstlichkeit bringe ich vor dich
618,1 daß ängstlich schlägt das Herz

allein
554 Gottes Volk geht nicht allein durch die Zeiten
557,3 wir sind nicht allein
577,3 Denke nicht, du stehst allein
578,6 Nun irr ich nicht alleine
579,1 sonst bleibt es ja allein
621,3 Du brauchst dich nicht allein zu mühn

Alles
645,4 mein Alles dir zum Dank ergeben sei

alt
551,1 nichts ist mehr am alten Platz
593,1 treib hinweg die alte Nacht
630,3 und den alten Weg verläßt

Alte
588,2 Tragt zu den Alten ein Licht
589,3 Lad viele Alte ein ins Haus

Amen
561 sei mit uns allen, mit uns allen! Amen
562,3 Amen, Amen, Amen. Lobet all' den Namen
567 Halleluja, Amen
568 preisen laßt uns Gott, den Herrn, Amen
577,3 Er ist unsre Hoffnung. Amen
608 Amen! Amen! Alles nehmen wir aus seiner Hand
609 Singt Amen, Amen! Wir preisen Gott
625,1-3 Schön sind deine Namen. Halleluja. Amen
631 wie eine Quelle in Gottes Namen. Amen

Amt
647,1 daß wir unser Amt und Werk wohl anfangen

anbeten
617,1 Ich bete an die Macht der Liebe
645,6 zu beten an, zu lieben inniglich

andere
539,5 ihm sonst keine andere Herberg
546,4 und einer nährt den andern
552,1 die andern sind satt in dieser Welt
554,3 wo ein Mensch den andern finden kann
577,2 einer drückt den andern nieder
579,1 der eine lebt vom andern

630,2 Wo ein Mensch den andern sieht
634,3 Geh auf den andern zu
645,3 daß ich in dich von allem andern lauf
646,3 Leid, das eins dem andern zugefügt

anfangen
603,3 jetzt fängst du's richtig an
628,4 Ich möchte keinen Streit anfangen
637,1 Alle Knospen springen auf, fangen an zu blühen
637,2 alle Wunden nah und fern fangen an zu heilen
637,3 Alle Lahmen stehen auf, fangen an zu gehen, Augen sehen
637,4 Alle Stummen hier und da fangen an zu grüßen
647,1 unser Amt und Werk wohl anfangen

Anfang
598,3 ohn Anfang Gott und Gott in ewgen Zeiten

Angesicht
562,1 Herr, erheb dein Angesicht über uns
632,1 dann schauen wir heut schon sein Angesicht

Angst
545,2 Die Angst soll uns nicht von ihm treiben
556,2 Die Jünger reden ohne Angst
572 es gibt Halt in Bedrängnis, Not und Ängsten
583,3 der von Angst und Schuld befreit
597,4 Wenn mir, von Angst und Not umringt
610,3 ist gebaut aus Steinen unsrer Angst
612,1 gefangen in deiner Angst
616,2 der, des' Tod und Leben meiner Angst und Sorge galt
627,2 weil Christus den Haß und die Angst verbannt
638,3 der meine Angst vertreibt

angstvoll
578,3 Du siehst mein angstvoll Beben

ankommen
575,1 Ein Kind ist angekommen

annehmen
621,3 Nimm Gottes Liebe an

anrühren
590 Rühr uns an mit deiner Kraft

ansehen
603,4 dein Heiland sieht dich an

anschauen
540 dich wollten wir anschauen gern

Antwort
601,1 Einst sang Maria, sie jubelte Antwort

anvertrauen
577,1 Kind, du bist uns anvertraut
639,5 vertraust Du uns die Schöpfung an

arm
542,3 denn dieser arme Stall birgt doch so viel
547,1 das arme Volk, das macht er satt

571,4 Gott, steh uns armen Sündern bei
603,2 Zachäus, armer reicher Mann

Arm
587,3 und ausgestreckten Armen
587,5 Verlacht getrost den Arm der Welt
597,4 dein rechter Arm wird Freiheit geben

Arme
552,2 erbarmt sich der Armen
632,2 Wenn das Lied jedes Armen

Armut
639,1 Du gehst den Weg durch Leid und Armut

Art
586,2 führe unsre stolze Art

atmen
638,3 damit ich atme

aufbauen
627,3 mit unsern Händen baut Christus es auf

aufblühen
650,1 Wir säen ihn, einst blüht er auf

auferstehen
548 Der Herr ist auferstanden
550,3 Doch ist der Befreier vom Tod auferstanden
648,8 daß er soll auferstehen

Auferstehung
550,3 ruft jetzt alle zur Auferstehung der Erden
553,2 Daß große Auferstehung sei
652 Ich bin die Auferstehung und das Leben

aufgehen
540 o Sonn, geh auf
557,1 Ein Licht geht uns auf
593,3 siegreich aufgehn überall
594 Der Himmel geht über allen auf

aufheben
622,3 du bist aufgehoben

auflegen
590 lege auf uns deinen Frieden

auflösen
626,1 Jesus löst die Fesseln auf

aufmerken
645,1 O meine Seel, merk auf

aufnehmen
575,5 Gott nimmt das Kind beim Taufen in die Gemeinde auf
576,1 Herr, nimm es auf bei dir
620,1 nimm sie in dich auf

aufspringen
637,1 Alle Knospen springen auf
637,3 Alle Augen springen auf

Aufstand
550,3 zum Aufstand gegen die Herren

aufstehen
637,3 Alle Lahmen stehen auf

Auftrag
639,3 das sei uns Auftrag und Gebot.

auftun
571,2 die Herzen sind dir aufgetan,

Augapfel
631 wie einen Augapfel

Auge
559,2 Welcher Engel schenkt uns Augen
571,3 mach unsre dunklen Augen hell
574,1 daß es sehen lernt mit seinen eigenen Augen
593,5 mach die Augen hell und klar
637,3 Alle Augen springen auf Augen sehen, Lahme gehen.

ausbreiten
590,1 deine Freude auszubreiten

ausführen
597,4 Der Herr führt's wahrlich aus

außen
622,1 Weißt du, wo der Himmel ist, außen oder innen

ausstrecken
587,3 bei seinem Wort und ausgestreckten Armen

ausstreuen
648,8 wie der Landmann seine Saat ausstreuet

Baby
619,2 Er hält das winzig kleine Baby in seiner Hand

Bach
617,2 von dem hier alle Bächlein kamen

Bahn
571,2 Bereitet ist für dich die Bahn
580,1 und du ebnest die Bahn
580,3 und nun führ mich die Bahn

Barmherzigkeit
625,1 in dir wohnt die Barmherzigkeit

bauen
577,3 sollst des Friedens Brücken bauen
589 Komm, bau ein Haus
610,3 ist gebaut aus Steinen unsrer Angst
627,3 mit unsern Händen baut Christus
628,2 Ich möchte gern dort Brücken bauen
632,1 unter uns schon sein Haus gebaut

Baum
589,1–4 pflanz einen Baum, der Schatten wirft (Kehrvers)
589,1 füttre sie bei unserm Baum
589,2 versammle sie bei unserm Baum
589,3 bewirte sie bei unserm Baum
589,4 begieß mit mir diesen Baum
603,3 vom Baum aus kann ich Jesus sehn
610,2 wo Baum und Blume Wurzeln schlagen
648,7 Es fällt der höchsten Bäume Laub

Beben
578,3 Du siehst mein angstvoll Beben

bedecken
632,3 auch uns bedeckt

bedeuten
539,1 Was soll das bedeuten

Bedrängnis
572 es gibt Halt in Bedrängnis

Bedrückung
616,2 In der Bedrückung ist mein Halt

befehlen
611,1–2 alles ihm befehle, hilft er doch so gern

befreien
552 die uns befreit (Kehrvers)
560,2 wenn alle befreit sind und zusammenstehn
583,3 der von Angst und Schuld befreit

Befreier
550,3 Doch ist der Befreier vom Tod auferstanden

begegnen
639,2 begegnest uns in allen Rassen

Begierde
645,3 Ach, sammle selbst Begierden und Gedanken
645,8 Begierden schweigt

begießen
589,4 begieß mit mir diesen Baum

beginnen
575,5 In Jesu Christi Namen beginnt
590,2 der nur dort beginnt
614,3 heute von vorne zu beginnen

Begleiter
580,2 du bleibst selbst, Herr, mein Begleiter

begleiten
643 Gottes Segen soll sie begleiten

begraben
650,1 Begrabt den Leib in seine Gruft

behüten
562,1 Segne und behüte uns durch deine Güte

beieinander
554,2 da blieben sie beieinander

Beistand, beistehen
554,1 einen Beistand schicken
571,4 Gott, steh uns armen Sündern bei
598,7 mir gnädig beizustehn
645,10 im Kampf und Kreuz mein Beistand
647,3 deine Hand leist uns Hilfe und Beistand

bekannt machen
639,2 machst die Menschlichkeit bekannt

bekennen
553,3 ohne Scheu ihn auch bekennst

bekriegen
646,3 bekriegt in dieser Welt voll Streit

bereit, bereiten
536,5 Laßt uns fröhlich im Advent Ihm den Weg bereiten
545,1 um uns einen Platz zu bereiten
571,2 Bereitet ist für dich die Bahn
578,7 O mach mich doch bereiter zu deinem Volk und Mahl
618,2 dein Plan ist fertig schon und liegt bereit

634,1 Drum sei zum Dienst bereit, gestundet ist die Zeit
649,1 Du hältst die Speisen uns bereit
649,2 Du hältst dich für uns selbst bereit
649,3 Du hältst die Hoffnung uns bereit
650,6 und machen zu der Ewigkeit mit Freud und Zittern uns bereit

Berg
574,1 den Schnee auf den Bergen

Bergeshöh
646,2 der dunkle Wald auf Bergeshöh

berufen
553,2 Wo sich berufen zwei und drei
616,3 die er beruft, geeint

beschämen
587,3 Beschämt nicht Gottes Heil und Hort

beschirmen
611,1 in aller Not wird er dich beschirmen

beschreiben
589,1–4 und beschreibe den Himmel (Kehrvers)

beschützen
589,1–4 bau ein Haus, das uns beschützt (Kehrvers)

besiegen
553,1 Besiegt hat Jesus Tod und Nacht

Besitz
536,4 wo auf Macht , Besitz und Geld alle sich verlassen

Beständigkeit
625,3 in dir wohnt die Beständigkeit

Beste
598,2 und seine Wahl das Beste
647,2 Verdruß uns zum Besten dienen muß

bestehen
559,2 wie das Leben zu bestehn
571,7 das noch in Kraft besteht
643 können nur zusammen das Leben bestehn

bestürmen
587,8 bestürmet ihn mit Bitten

beten
575,2 Wir beten für die Eltern

Beten
587,1 halte an mit Beten

Beter
587,7 der Stummen Mund und Beter

Bethlehem
542,1–4 Stern über Bethlehem

beugen
584,2 was mich beugt und lähmt
593,2 daß noch manches Knie sich beuget
617,2 Wie beugen sie sich ohne Ende
645,6 vor dir, o Majestät sich beuget

Beutel
603,1 in deinem Beutel groß und schwer

bewahren
560,3 wenn der Menschen Geist des Schöpfers Plan bewahrt
593,5 vor den Stolzen uns bewahr
639,5 mit Dir er sie bewahren kann
642,1 laßt uns sie gut bewahren mit allen
645,4 bewahrt, verschont, gestärket

bewirten
589,3 bewirte sie bei unserm Baum

bezeugen
590,3 deine Liebe zu bezeugen

Bild
578,4 wandelst mich nach deinem Bild
639,5 Du formst den Menschen Dir zum Bilde

binden
578,6 bist du der Eine, der bindet

bitten
554,1 will ich den Vater bitten
565 höre uns, Gott, wir bitten dich
590 Herr, wir bitten
642,3 laßt uns den Herren bitten

Bitten
587,8 bestürmet ihn mit Bitten

bitter
545,2 kosten von einem so bittern Kelch
577,2 die wir bitter nötig haben
578,2 schufen dir allzu bittre Müh und Qual
650,7 Ach Jesu Christ, dein bittrer Tod

bleiben
542,3 Stern über Bethlehem, wir bleiben hier
543 Alles ist eitel, du aber bleibst
545,2 Wer will bei dem Herren bleiben
553,4 Du treuer Jesus, bleib uns nah
554,1 der für alle Zeiten bei euch bleibt
575,1 Er bleibt des Kindes Herr
579,1 sonst bleibt es ja allein
580,2 du bleibst selbst, Herr, mein Begleiter
599,3 Selig seid ihr, wenn ihr ehrlich bleibt
613,1 ist das nicht ein Fingerzeig, daß die Liebe bleibt
613,4 bleibe uns ein Fingerzeig, wie das Leben siegt
621,2 da bleibt nichts, was uns trennt
634,4 bleibt unsre Stärke
642,3 Daß uns die Welt erhalten bleibt
645,1 merk auf, wo bleibest du

Blick
542,4 steht noch dein heller Schein in unserm Blick
582,1-3 hebe den Blick in des Lichtes Schein

blind
552,4 Viele Menschen sind blind oder stumm

blühen
547,3 nun schallt der Himmel, blüht das Land
589,1–4 beschreibe den Himmel, der uns blüht (Kehrvers)
613,1 Freunde, daß der Mandelzweig wieder blüht
637,1 fangen an zu blühen

637,1–4 Knospen blühen, Nächte glühen

Blüte
604,4 die Liebe Blüten wecken
613,4 Freunde, daß der Mandelzweig sich in Blüten wiegt

Blütensieg
613,3 Doch des Lebens Blütensieg leicht im Winde weht

Blume
574,1 die Farben der Blumen
610,2 wo Baum und Blume Wurzeln schlagen

Blut
613,2 soviel Blut auch schreit
648,3 laß deine Reben durch dein Blut sich freudiglich erneuen

Boden
648,6 des Lebens rauher Sturm uns will zu Boden schmettern

böse
603,1 Zachäus, böser reicher Mann
603,2 geh weg von uns, du böser Dieb

Bote
590,1 laß uns deine Boten sein

Botschaft
571,5 o bring uns deine Botschaft fort
601,1 Wir stehn im Echo der Botschaft
639,1 damit die Botschaft uns erreicht

Brand
621,3 setzt sie dich in Brand

brauchen
575,2 Sie brauchen das Gebet
576,2 Es braucht die Kraft
576,3 Es braucht das Licht
576,4 großer Gott, wir brauchen dich
621, 3 Du brauchst dich nicht allein zu mühn
633 weil wir sie brauchen

brausen
648,6 Es braust der Sturm

brechen
582,1 Laßt uns Brot brechen
611,2 Wenn alles bricht
638,2 Gott, der mir mein Schweigen bricht

brennen
536,1 Seht das erste Licht schon brennt
554,2 wie ein Feuer brannte
621,2 Wo Gottes große Liebe in einem Menschen brennt

bringen
538,2 bringt Lauten, Harfen, Geigen mit
539,6 bringet dem schönen Christkindlein etwas
571,5 o bring uns deine Botschaft fort
572 es hat Hoffnung und Zukunft gebracht
577,1 Wozu werden wir dich bringen
584,1 meine kurze Sicht bringe ich vor dich

584,2 was mich beugt und lähmt, bringe ich vor dich
584,3 meine Ängstlichkeit bringe ich vor dich
584,4 Sehnsucht nach Geborgenheit bringe ich vor dich
597,1 dir zum Ruhm mein Opfer bringen
618,2 die Gnade, die mir Heil gebracht
644,1 und allem was er bringen mag

Brot
546,4 es wird zum Brot
552,1 einer teilte schon einmal das Brot,
555,2 Brot und Wein für unsere Freiheit
574,3 nach dem Brot und den Trauben

Bruder
587,7 Der Schwachen Bruder wird der Geist
601,2 Scharen von Schwestern und Brüdern
627,1 macht Bruder und Schwester zu Gottes Kind
639,2 gehst Du als Bruder durch das Land

Brücke
577,3 sollst des Friedens Brücken bauen
601,3 Brücke der Freude sein
628,1+5 Herr, gib mir Mut zum Brükkenbauen
628,2 Ich möchte gern dort Brücken bauen

Buch
543 wen du ins Buch des Lebens schreibst
598,8 schrieb auf sein Buch

bücken
604,1 muß sich dabei bücken
604,3 wenn wir die stolzen Rücken für Menschenkinder bücken

Bund
587,5 den Bund mit euch geschlossen

Bundsgenossen
587,5 die falschen Bundsgenossen

Buße
571,4 Du Wort der Buße, füll das Herz

Christkind
537,3 Wünschet Glück dem Christkindlein
539,6 und bringet dem schönen Christkindlein etwas

Christophorus
604 Kennt ihr die Legende von Christophorus

Christ, Christus
536,2 Welche Last uns auch befällt: Christus hilft sie tragen
536,2 Christus sein Versprechen hält: er steht uns zur Seiten
536,4 wollen wir in allem Tun uns auf Christus gründen
537,1 Heute uns erschienen ist der Herre Christ, Immanuel

545,4 Wo Leiden und Ohnmacht in unsrer Welt, da finden wir Christus in Wahrheit
558,2 Jesus Christ, unser Retter, dir gehört unser Leben
561 Die Gnade unsers Herrn Jesu Christi
562,2 gib uns deinen guten Geist, der uns stets zu Christus weist
562,3 Lobet all' den Namen unsers Herren Jesu Christ
575,5 In Jesu Christi Namen beginnt sein Lebenslauf
578,8 Dank will ich dir sinnen, mein Heiland Jesus Christ
593,2 wo du richtest, Jesu Christ
616,1 Fröhlich ist, wer Christus in der Welt am Werke sieht
620,4 Denn der Herr dieser Liebe, Christus Jesus, ist treu
627,1 Christi Liebe hat uns zusammengebracht
627,2 weil Christus den Haß und die Angst verbannt
627,3 mit unsern Händen baut Christus es auf
632,2 Wenn das Lied jedes Armen uns Christus zeigt
634,4 Denn der in Jesus Christ ein Mensch geworden ist
650,4 Du trugest Jesu Christi Joch
650,7 Ach Jesu Christ, dein bittrer Tod stärk uns
652 Christus spricht: Ich bin die Auferstehung und das Leben

Dach
648,4 hat Dach und Raum gefunden
648,6 O Jesu, sei uns Dach und Turm

Dämon
587,4 noch Schwert hilft wider die Dämonen

Dank
537,2 Loben wir mit Lieb und Dank
578,8 Dank, Dank will ich dir sinnen
581 Dank für Brot, Dank für Wein
597,2 Herr, aller Erdenkön'ge Dank
644,3 ihm Dank und Lob zu leben
645,4 mein Alles dir zum Dank ergeben sei

dankbar
582,1 Gott dankbar sein
582,2 und laßt uns dankbar sein
646,1 Darum ich dankbar sag

danken
542,3 wir danken dir
605 Danket dem Herrn und lobsingt seinem Namen
606,1 ich danke dir
607 singen, loben, danken dem Herrn
624,1–3 Lieber Gott, ich danke dir

dauern
536,1 lang wird's nicht mehr dauern

Deinen
586,3 den Deinen von der Liebe

Demut
586,2 führe unsre stolze Art in deine Demut ein

denken
536,2 dies für andre auch zu tun, daran laßt uns denken
539,5 Ich dacht mir: ei, wer hat's denn also
542,2 das da geschehen, was niemand gedacht
577,3 Denke nicht, du stehst allein
601,3 Er denkt an uns, hilft Israel auf

617,1 ich will, anstatt an mich zu denken, ins Meer der Liebe mich versenken
630,1 nicht nur an sich selber denkt

dennoch
610,3 Und dennoch sind da Mauern

Dieb
603,2 geh weg von uns, du böser Dieb

dienen
647,2 uns zum Besten dienen muß

Dienst
537,2 daß ihm unser Dienst ein Wohlgefallen sei
634,1 Drum sei zum Dienst bereit
644,3 hat uns in ihr zum Dienst bestellt

Dinge
546,2 Er geht den Weg, den alle Dinge gehen
647,1 Hilf uns, Herr, in allen Dingen
647,3 daß wir in allen Dingen ewig Lob und Ehre singen

drei
553,2 Wo sich berufen zwei und drei
563 Wo zwei oder drei in meinem Namen versammelt sind

drinnen
622,1 Du bist mitten drinnen

droben
549 Trachtet nach dem, was droben ist

drücken
617,3 dein Name bliebe im Grunde tief gedrücket ein

Du
634,3 Zum Ich gehört ein Du

dulden
650,4 er duldete viel Schmerz und Qual

dunkel
571,3 mach unsre dunklen Augen hell

578,3 nimmst mir mein dunkles Leben
646,2 der dunkle Wald auf Bergeshöh

Dunkel
621,2 und die im Dunkeln stehn
645,7 ins Dunkle kehr ich ein

Dunkelheit
536,1 bis in alle Dunkelheit strahlen hell die Kerzen
557,1 Ein Licht geht uns auf in der Dunkelheit
572,1 ist wie ein Stern in der Dunkelheit
545,7 Die Dunkelheit ist da, und alles schweiget

durchbrechen
557,1 durchbricht die Nacht
616,3 Er, der Trennendes durchbricht

durchdringen
571,7 durchdring uns und verklär uns ganz

ebnen
580,1 und du ebnest die Bahn

Echo
601,1 Wir stehn im Echo der Botschaft vom Leben

Ehre
537,3 Ehre sei Gott in der Höh'
538,8 Gott Preis und Ehr in Ewigkeit
567 Ehre sei Gott, Ehre sei Gott, Ehre sei Gott in der Höhe
Gebt Gott die Ehre für immer
580,1–4 großer König, Lob sei dir und Ehre (Kehrvers)
587,7 der recht die Ehre Gottes preist
598,9 immerdar soll deines Namens Ehre, dein Lob in meinem Munde sein
617,2 Ehr sei dem hohen Jesusnamen
638,1–3 Ehre sei Gott auf der Erde in allen Straßen und Häusern (Kehrvers)
Ehre sei Gott und den Menschen Frieden
647,3 daß wir in allen Dingen ewig Lob und Ehre singen

Ehrfurcht
633,3 Ehrfurcht den Starken

ehrlich
599,3 Selig seid ihr, wenn ihr ehrlich bleibt

eigen
574,1 mit seinen eigenen Augen
574,2 mit seinen eigenen Ohren
574,3 mit seinen eigenen Händen
574,4 mit seinen eigenen Lippen
574,5 auf seinen eigenen Füßen

eilen
578,8 Eilt her und schaut die Zinnen
598,7 und eilt, mir gnädig beizustehn
648,6 der Wandrer eilt, um noch vor Nacht

einen
616,3 geeint, trocknet er die Tränen

einfach
599,1 Selig seid ihr, wenn ihr einfach lebt

einholen
648,2 wir greifen zu und holen ein

Einigkeit
586,4 der Glieder Einigkeit

einkehren
645,2 das Schäflein kehrt in seine Hürde ein
645,7 Ins Heiligtum, ins Dunkle kehr ich ein

einladen
575,3 und laden es mit Freude in die Gemeinde ein
578,1 Du hast mich eingeladen
589,1 Lad viele Tiere ein ins Haus
589,2 Lad viele Kinder ein ins Haus
589,3 Lad viele Alte ein ins Haus

einlassen
602,5 du läßt mich ein

einnehmen
645,5 nimm mich nur ein

einst
586,1 Herr, der du einst gekommen bist
601,1 Einst sang Maria, sie jubelte Antwort
650,1 einst blüht er auf

650,2 Aus Staube schuf ihn einst der Herr

Einsamkeit
616,2 führt der Weg durch Einsamkeit

einsehen
559,3 unsern Himmel einzusehn

einstimmen
580,1–4 Daß du mich einstimmen läßt in deinen Jubel (Kehrvers)
626,2 Stimmt in den Jubel ein

eintreten
587,1 Tritt für sie ein

eitel
543 Alles ist eitel, du aber bleibst

Eitelkeit
571,6 daß wir, der Eitelkeit entrafft

Elend
647,2 daß Kreuz, Elend und Verdruß

Eltern
575,2 Wir beten für die Eltern

Ende
546,2 er geht ihn bis zum Ende
551,2 Ende ist nicht Ende mehr
617,2 Wie beugen sie sich ohne Ende
650,7 selig unser Ende sein

eng
584,1 Meine engen Grenzen

Engel
537,3 Schaut die lieben Engel an
538,1 Vom Himmel hoch, o Engel, kommt
559,1 Welcher Engel wird uns sagen welcher Engel wird wohl kommen
werd ich für dich der Engel sein
559,2 Welcher Engel wird uns zeigen, wie das Leben zu bestehn
Welcher Engel schenkt uns Augen, die im Keim die Früchte sehn
559,3 Welcher Engel öffnet Ohren
Welcher Engel leiht uns Flügel, unsern Himmel einzusehn
580,1–4 o Herr, deiner Engel und himmlischen Heere (Kehrvers)
601,2 als ihr geschah, wie der Engel versprochen

Entbehrung
640,3 Wege durch Leid und Entbehrung

entgegenstrecken
620,1 Streck dich ihr entgegen

entfachen
621,2 entfacht doch helle Flammen

entschlummern
650,4 entschlummertest und lebtest noch

entsinken
597,4 und Not umringt, das Herz entsinkt

entspringen
617,2 in dem der Liebe Quell entspringt

entweichen
648,1 Des Jahres schöner Schmuck entweicht

entzweien
586,4 die sich so leicht entzweit

erbarmen
552,2 und erbarmt sich der Armen
582,1-3 o Herr, erbarme dich mein
584,1-4 Herr, erbarme dich
587,3 er will sich gern erbarmen

erblühen
573,1 unter uns erblüht sein Stern
632,1 als Rose erblüht

Erde
536,3 er gescheh' auf Erden
537,1 und schicket seinen lieben Sohn auf Erden
537,2 daß wir ihn auf Erden sollen loben
537,3 Ehre sei Gott in der Höh', auf Erden Fried
541,1 singt Frieden auf Erden
546,1 Wer leben will wie Gott auf dieser Erde
549 nicht nach dem, was auf Erden ist
550,2 wenn hier auf der Erde stets alles so bliebe
550,3 ruft jetzt alle zur Auferstehung der Erden
574,5 daß es gehen lernt auf seinen eigenen Füßen auf den Straßen der Erde
595 Die Erde ist des Herrn und was darinnen ist
601,1 Gottes Lob wandert, und Erde darf hören
634,1 Die Erde ist des Herrn
635 Jeder Teil dieser Erde ist unserm Gott heilig
638,1–3 Ehre sei Gott auf der Erde in allen Straßen und Häusern (Kehrvers) den Menschen Frieden, Frieden auf Erden
644,2 Gott will durch uns sich tief hinein in seine Erde senken
648,2 Gott ließ der Erde Frucht gedeihn
648,8 deckest du auch unsern Leib mit Erde zu

Erdenkönig
597,2 Herr, aller Erdenkön'ge Dank

Erdkreis
560,3 da wird der Erdkreis sich neu ergrünen
595 der Erdkreis und die darauf wohnen

erfahren
583,3 an dem die vielen erfahren

erforschen
598,5 er erforschet mich und dich

erfreuen
597,3 dem Herrn geweiht, in ihm erfreut
648,3 die Herzen zu erfreuen

erfüllen
557,2 erfüllt den Tag
560,1+4 in der die Träume sich erfüllen
593,2 eh die Zeit erfüllet ist

ergeben
644,1 von Herzen nun ergeben
645,4 mein Alles dir zum Dank ergeben sei

ergreifen
554,2 als sie der Geist ergriff
571,6 ergreifen unser ewges Teil
610,4 wie deine Liebe uns ergreift

ergrünen
560,3 da wird der Erdkreis sich neu ergrünen

Erhabene
597,3 denn der Erhabne wohnet hoch

erhalten
642,3 Daß uns die Welt erhalten bleibt

erheben
562,1 erheb dein Angesicht über uns
580,1-4 das erhebt meine Seele zu dir
597,1 Mein ganzes Herz erhebet dich
597,2 wird mit Gesang dich noch erheben
597,3 Wer aber hier sich selbst erhebt

erhellen
557,1 erhellt die Zeit
621,2 da wird die Welt vom Licht erhellt

erhöhen
586,1 sich selber zu erhöhn
597,1 durch dein Wort hast du erhöhet
597,3 sei hoch erhöht zu ihrem Segen

erhören
597,1 Ja, du erhörest

erinnern
586,4 Erinnre deine kleine Schar

erkennen
537,2 unsre Not hat er erkannt
573,2 wartet, daß man ihn erkennt
602,2 ich komm zu dir, um zu erkennen
616,1 In der Zeit der Fülle hat mein Herz sein Wort erkannt

erklimmen
544,2 wir erklimmen die Höh'n

erklingen
632,1 als Lied erklingt

erlösen
560,1+4 und Gerechtigkeit die Kreatur erlöst
578,5 läßt uns erlöste Glieder am Leib
650,3 durch seinen Sohn erlöset hat

Erlöser
583,3 daß ich der Erlöser bin
650,6 Nun, du Erlöser, schlaf in Ruh

ermüden
645,2 Der Wandersmann legt sich ermüdet nieder

erneuen
648,3 durch dein Blut sich freudiglich erneuen

Ernte
649,1 Du gibst die Saat und auch die Ernte
649,3 Es wächst die Saat zu deiner Ernte

erreichen
639,1 damit die Botschaft uns erreicht
645,10 bis ich erreich die volle Sabbatruh

erscheinen
537,1 Heute uns erschienen ist der Herre Christ

erste
536,1 Seht das erste Licht schon brennt
628,1 gib mir Mut zum ersten Schritt

Erste
562,3 der der Erst' und Letzte ist

erstanden
551,3 Seht, der Herr erstand vom Tod
552 Hoffnung, die aus dem Tod erstand (Kehrvers)

erwachen
553,1 Hilfe ist durch ihn erwacht
646,5 wenn er erwacht
650,2 erwacht dereinst aus dieses Todes Nacht

erwählen
579,4 hat uns der Herr erwählt
593,5 daß wir dich zum Lohn erwählen

erwerben
571,5 starb und uns Gerechtigkeit erwarb

erzählen
589,3 laß sie dort frei erzählen von Kreisen

Esel
539,3 dort in der Krippe bei Esel und Rind

Eselreiter
547,1 Seht, der Eselreiter

ewig
545,4 zur Stätte der ewgen Klarheit
571,6 ergreifen unser ewges Teil
597,4 da Gnade dich verklärt und ewig währt
598,3 Gott in ewgen Zeiten
598,4 sind ewig vor ihm offenbar
611,2 Ewige Treue, Retter in Not
647,3 daß wir in allen Dingen ewig Lob und Ehre singen
648,1 laßt hinauf zum ewgen Licht

Ewigkeit
537,3 große Freude widerfahre allen bis in Ewigkeit
538,8 Gott Preis und Ehr in Ewigkeit
540 das Kind der Ewigkeiten uns alle trösten will (Kanon)
650,6 und machen zu der Ewigkeit mit Freud und Zittern uns bereit

fallen
621,1 Ins Wasser fällt ein Stein
630,1–3 fällt ein Tropfen von dem Regen
648,7 Es fällt der höchsten Bäume Laub
651,1 was da steht, das wird fallen
651,3 was da fällt, soll erstehen

falsch
587,5 die falschen Bundsgenossen

falten
617,2 Wie falten sie die frohen Hände

Farbe
574,1 die Farben der Blumen

fassen
554,3 daß uns das Feuer faßt
586,3 eh dich der Feind gefaßt

Faust
628,3 wo jemand harte Fäuste ballt

fehlen
598,7 wie oft ich Gutes tu und fehle

feiern
579,3 Wer dies Geheimnis feiert

fein
539,6 Geht nur fein sacht

Feind
552,3 einer lehrt uns dem Feind zu verzeihn
586,3 eh dich der Feind gefaßt
587,4 das Wort allein dem Feinde wehrt
597,4 Die Linke hält der Feinde Schwarm
627,2 vergessen die Worte Feindschaft und Feind
628,4 jedoch zu meines Feindes Tür

Feindschaft
627,2 vergessen die Worte Feindschaft

Feld
648,5 Denn wie die Felder öde stehn

fern
573,2 er ist nicht mehr hoch und fern
593,3 und kein Land so fern und öde
637,2 alle Wunden nah und fern

Fernen
641 Friede mit den Fernen

Fessel
626,1 Jesus löst die Fesseln
638,1 Gott, der mir die Fesseln löst

Fest
555,1-2 Unser Leben sei ein Fest

Feste
598,2 seines Thrones Feste ist Wahrheit und Gerechtigkeit

Festmahl
583,1 Dies ist die Nacht des großen Festmahls

fest
645,5 so werd ich fester stehn

Feuer
554,2 wie ein Feuer brannte
554,3 daß uns das Feuer faßt
560,3 neu ergrünen mit Wasser, Luft, Feuer

finden
545,4 da finden wir Christus in Wahrheit
554,3 wo ein Mensch den andern finden kann
576,3 um dich zu finden
610,2 Wir wollen Freiheit, um uns selbst zu finden
631 In Gottes Namen wolln wir finden
645,1 sonst nirgend findst du Ruh
648, 4 hat Dach und Raum gefunden

Fingerzeig
613,1 ist das nicht ein Fingerzeig
613,4 bleibe uns ein Fingerzeig, wie das Leben siegt

finster
578,7 drauf du uns nahst im finstern Tal
644,1 Nun ist vorbei die finstre Nacht
650,4 Er wandelt' hier im finstern Tal

Finsternis
540 in Finsternis wir alle sein
578,6 zum Lichtweg in der Finsternis
645,10 Im Finstern sei des Geistes Licht und Sonne

Flamme
621,2 entfacht doch helle Flammen

flehen
597,1 um Kraft und Licht sie zu dir flehet

Flehen
571,4 daß unser Flehn und Seufzen sei
598,7 Er kennt mein Flehn

Fleiß
648,2 Herr Jesu, laß uns gleichen Fleiß

fliegen
645,2 das Vöglein fliegt zu seinem Neste

fliehen
598,6 ob du gen Himmel flöhest
648,9 so laß zu dir die Seelen fliehn

fließen
637,4 Alle Mauern tot und hart werden weich und fließen

flüchten
648,6 um noch vor Nacht zu flüchten aus den Wettern

Flügel
559,3 Welcher Engel leiht uns Flügel
633,2 Flügel den Lahmen

Fluß
544,2 über Flüsse und Seen
604,1–4 durch die Gefahren, durch den großen Fluß
mitten durch den Fluß (Kehrvers)

folgen
544,1–3 Wir folgen dem Stern
602,1 ich komm zu dir und will dir folgen
611,1 ein neuer Frühling folgt dem Winter nach

formen
639,5 Du formst den Menschen Dir zum Bilde

forschen
544,3 Wir forschen nach Wahrheit

fragen
573,3 denn er hat nach dir gefragt
585,4 und wenn ich kritisch fragen sollte

Frage
574,4 von den Fragen der Menschen

Frau
633 Großmut den Frauen

frei
537,2 mit gleichem Mund und hoffen frei
553,2 auf Jesu Namen kühn und frei
589,4 laß sie dort frei erzählen
610,1 Frei sind wir, da zu wohnen und zu gehen
Frei sind wir, ja zu sagen oder nein
617,1 ich geb mich hin dem freien Triebe

638,1 der mir die Fesseln löst, damit ich frei bin

Freiheit
555,2 Brot und Wein für unsere Freiheit
577,2 Mut und Freiheit, das sind Gaben
597,4 dein rechter Arm wird Freiheit geben
610,2 Wir wollen Freiheit
Freiheit, aus der man etwas machen kann
Freiheit, die auch offen ist für Träume
610,4 dann ist Freiheit da
Freiheit, sie gilt für Menschen, Völker, Rassen
629,2 Freiheit ist nicht nur ein Wort

freisprechen
610,4 wenn du uns freisprichst

Fremde
639,1–6 Damit aus Fremden Freunde werden

Fremdgewordne
583,1 die Fremdgewordnen auch

Freude
537,3 sprechet all zugleich in ein' mit Freuden
große Freude widerfahre allen
539,3 da hat mir mein Herz schon vor Freuden gehupft
541 Halleluja, die Freude sagt allen
560,1 wenn Friede und Freude und Gerechtigkeit
574,4 seinen eigenen Lippen von den Freuden und Sorgen
575,3 und laden es mit Freude in die Gemeinde ein
589,4 dann wird die Freude wachsen
590,1 deine Freude auszubreiten
601,3 Brücke der Freude sein
602,6 Du bist die Tür zur Freude
626,1 Freude, die überfließt
632,2 die Not, die wir lindern, zur Freude wird
650,6 machen zu der Ewigkeit mit Freud und Zittern uns bereit

freudiglich
648,3 durch dein Blut sich freudiglich erneuen

freuen
575,1 Wir alle freun uns sehr
601,1–3 Ich freue mich
606,1 Daß ich springen darf und mich freuen
606,2 Daß ich tanzen darf und mich freue
606,3 Daß ich singen darf und mich freuen
625,2 Wir freuen uns an dir

Freund
574,3 nach der Hand seiner Freunde
575,3 Wir wollen diesem Kinde recht gute Freunde sein
577,3 Freunde wollen wir dir sein
613,1 Freunde, daß der Mandelzweig wieder blüht
613,4 Freunde, daß der Mandelzweig sich in Blüten wiegt
639,1–6 Damit aus Fremden Freunde werden

Friede
536,3 Singt von Frieden in der Welt dort

537,3 von Gottes Gnad und neuem Fried
Ehre sei Gott in der Höh', auf Erden Fried
538,8 Singt Fried den Menschen weit und breit
541,1 singt, singt Frieden auf Erden
547,3 und bloßem Wort schafft er den Frieden
560,1 wenn Friede und Freude und Gerechtigkeit die Kreatur erlöst
562,1 Schenk uns deinen Frieden alle Tag hienieden
564 Im Frieden mach uns eins, schenk uns deine Liebe, Herr
574,5 auf den Wegen des Friedens in das Land der Verheißung
577,3 sollst des Friedens Brücken bauen
583,3 in diesem Zeichen sichtbar mein Friede
590,1–3 lege auf uns deinen Frieden Kehrvers
590,2 hast du uns gestellt, deinen Frieden zu verkünden
599,4 Selig seid ihr, wenn ihr Frieden macht
628,3 des Friedens zwischen Jung und Alt
628,4 Ob Friede wird, liegt auch an mir
633,3 Friede uns allen, weil wir ihn brauchen
634,3 Weil Gott uns Friede gab, kannst du ihn wagen
638,1–3 Ehre sei Gott und den Menschen Frieden (Kehrvers)
639,3 Du zeigst den neuen Weg des Friedens
640,1 Dein Reich in Klarheit und Frieden
641 Friede mit dir, Friede mit dir

Friedenskönig

547,3 Der Friedenskönig

Friedensstifter

536,3 wenn in seinem Namen wir Friedensstifter werden

friedevoll

618,1 das macht die Seele still und friedevoll

frisch

537,1 Singet frisch und wohlgemut

fröhlich

536,1 Singet fröhlich im Advent, laßt nun alles Trauern
536,5 Singet fröhlich im Advent, preiset Gottes Taten
Laßt uns fröhlich im Advent Ihm den Weg bereiten
589,2 laß sie dort fröhlich tanzen
616,1 Laut und fröhlich klingt das Lied
Fröhlich ist, wer Christus in der Welt am Werke sieht
644,1 die liebe Sonne leucht' und lacht und läßt uns fröhlich leben

froh

536,1 singt mit frohem Herzen
542,4 und was froh gemacht, teilen wir aus
557,3 Ein Licht macht uns froh, wir sind nicht allein
603,4 Zachäus, froher kleiner Mann
617,2 Wie falten sie die frohen Hände

Frost

539,5 Das Kindlein, das zittert vor Kälte und Frost

Frucht
559,2 die im Keim die Frucht schon sehn
648,2 Gott ließ der Erde Frucht gedeihn
648,8 um künftig Frucht zu sehen

früh
618,1 sei's spät, sei's früh

Frühling
611,1 ein neuer Frühling folgt dem Winter nach

führen
537,1 der uns selig macht und führt aus Tod und Höll
542,1 zeig uns den Weg, führ uns zur Krippe hin
Stern über Bethlehem, führ uns zum Kind
544,2 Der Weg führt durch Wüsten, über Flüsse und Seen
557,2 Ein Licht weist den Weg, der zur Hoffnung führt
578,7 Kein andrer Weg führt weiter
580,1 du führst mich den Weg durch die Wüste
580,3 und nun führ mich die Bahn
586,2 Komm, führe unsre stolze Art in deine Demut ein
601,3 Brücke der Freude sein, die uns zu dir führt
602,6 ich komm zu dir, du wirst mich führen
616,1 Auf der Spur des Hirten führt der Weg durch weites Land
616,2 Auf der Spur des Hirten führt der Weg durch Einsamkeit
640,3 Wege durch Leid und Entbehrung führen zu dir in dein Reich
645,9 mein treuer Hirt, führ mich in dich hinein

Fülle
616,1 In der Zeit der Fülle

füllen
571,4 Du Wort der Buße, füll das Herz uns an
616,3 füllt das Herz mit Zuversicht
621,3 Und füllt sie erst dein Leben denn Gott füllt dir die Hand

fürchten
588,1-4 Fürchtet euch nicht
612,1-3 Fürchte dich nicht

füreinander
546,4 Die Menschen müssen füreinander sterben
579,4 wir leben füreinander

Fürst
547,1 Zieht so der Fürst in seine Stadt

füttern
589,1 füttre sie bei unserm Baum

Funke
621,2 Ein Funke, kaum zu sehn

Fuß
574,5 auf seinen eigenen Füßen

Gabe
577,2 Mut und Freiheit, das sind Gaben
578,4 Dein Gabe, Herr, ich preise

ganz
547,2 Das ganze Land zum Paradiese
571,7 durchdring uns und verklär uns ganz
574,5 daß es lieben lernt mit seinem ganzen Herzen
584,2 Meine ganze Ohnmacht

593,1	zieh in deinen Wunderschein bald die ganze Welt hinein
597,1	Mein ganzes Herz erhebet dich
619,1	Er hält die ganze Welt in seiner Hand
621,1	ganz heimlich still und leise
645,7	laß mich ganz stille sein
647,2	und verderben ganz und gar
649,3	bald ist die Zeit ganz deine Zeit
650,7	Laß unsre ganze Seele dein

Garten

630,1-3	der aus Wüsten Gärten macht

Gast

578,3	da winkst du deinem Gast
603,4	dein Gast will ich noch heute sein

geben

562,1	und gib uns Licht
562,2	gib uns deinen guten Geist
567	Gebt Gott die Ehre für immer
571,1	das uns im Sohn der Vater gab von seinem Thron
571,6	gib uns Kraft, daß wir, der Eitelkeit entrafft
572	es gibt Trost, es gibt Halt in Bedrängnis
575,1	Gott selber gab das Leben
578,3	Gebt Gott die Ehre für immer
578,4	gibst du dich selbst zur Speise
578,6	du gibst mir die Gemeinde zum Lichtweg
579,2	So gab der Herr sein Leben
593,2	Gib dem Wort, das von dir zeuget
597,1	du gibst der Seel, was ihr gebricht
597,2	wird ihnen Licht und Leben geben
597,4	so gibst du Leben
598,8	was er mir geben wollte
608,4	Was wir geben, hat uns Gott geschenkt
614,1	Gib uns den Mut, voll Glauben
614,2	Gib uns den Mut, voll Liebe
614,3	Gib uns Mut, voll Hoffnung
617,1	ich geb mich hin dem freien Triebe
628,1+5	Herr, gib mir Mut zum Brükkenbauen
630,1	Wo ein Mensch Vertrauen gibt
632,4	Wenn der Trost, den wir geben
634,2	gestundet ist die Zeit, die uns gegeben
634,3	Weil Gott uns Friede gab
639,6	gibst Du uns Deinen Heilgen Geist
644,3	dem, der sich dir gegeben
645,9	Dem Leib wirst du bald seine Ruhe geben
646,5	Gib eine gute Nacht
647,1	gib uns Weisheit, Kraft und Stärk
648,3	Der Weinstock gibt die süße Kost
649,1	Du gibst die Saat und auch die Ernte
649,2	Du gibst die Kraft und auch die Liebe
649,3	Du gibst uns Mut zu neuem Leben
651,1-3	der Herr gibt und nimmt

Gebet

575,2	Sie brauchen das Gebet

gebieten

618,2	und du gebietest ihm

Gebiet

598,1	und alle Himmel sein Gebiet

gebären
537,1 Eine Magd gebar uns Gott
629,1 Als Zeichen der Liebe ist Jesus geboren

Geborgenheit
584,4 Meine tiefe Sehnsucht nach Geborgenheit

Gebot
593,3 wo man dein Gebot nicht ehrt
639,3 das sei uns Auftrag und Gebot

gebrauchen
634,2 Gebrauche deine Kraft

gebrechen
597,1 du gibst der Seel, was ihr gebricht

Gedanke
645,3 sammle selbst Begierden und Gedanken

gedeihen
648,2 Gott ließ der Erde Frucht gedeihn

Geduld
634,4 Verlier nicht die Geduld

Gefängnis
610,3 Unser versklavtes Ich ist ein Gefängnis

Gefahr
587,1 Tritt für sie ein in der Gefahr
604,1–4 ein kleines Kind durch die Gefahren
647,2 aller Trübsal und Gefahr

Gefallen
541 Verkündet die Gnade und Gottes Gefallen

gefangen
612,1 gefangen in deiner Angst

Gegner
627,2 wir reichen dem Gegner unsere Hand

gehen
538,5 Die Stimmen müssen lieblich gehn
539,6 So gehet und nehmet ein Lämmlein vom Gras
Geht nur fein sacht
540 Aus tausend Traurigkeiten gehn wir zur Krippe still (Kanon)
545,1–4 Wir gehn hinauf nach Jerusalem
546,5 Den gleichen Weg ist unser Gott gegangen
546,2 Er geht den Weg, den alle Dinge gehen.
er geht den Weg, er geht ihn bis zum Ende
551,3 geht mit ihm in alle Welt, er geht euch voraus
552,5 einer ging wie ein Licht vor uns her
554,1–3 Gottes Volk geht nicht allein durch die Zeiten (Kehrvers)
554,3 die wir gehen sollen
557,1 Ein Licht geht uns auf in der Dunkelheit
560,1–4 Dann gehen Gott und die Menschen
571,1 Nun geh uns auf, du Morgenstern
571,3 in der Welt nicht irre gehn.
571,7 So geh uns auf, du Gottesglanz
573,2 er geht jetzt durch unsre Straßen
574,5 daß es gehen lernt auf seinen eigenen Füßen

575,2 daß Gott mit ihnen geht
576,2 um weit zu gehn
577,1 Wenn du deine Wege gehst
586,1 in Knechtsgestalt zu gehn
593,4 Geh, du Bräutgam, aus der Kammer
594 Der Himmel geht über allen auf
598,6 Er ist dir nah, du sitzest oder gehest
603,2 geh weg von uns, du böser Dieb
610,1 Frei sind wir, da zu wohnen und zu gehen
621,3 gehst du hinaus, teilst Liebe aus
628,1 und wenn ich gehe, geh du mit
628,2 und über hohe Mauern gehn
634,3 Geh auf den andern zu
637,3 Alle Lahmen stehen auf, fangen an zu gehen
639,1 Du gehst den Weg durch Leid und Armut
639,2 gehst Du als Bruder durch das Land
640,1–3 Laß uns den Weg der Gerechtigkeit gehn
643 wenn sie ihre Wege gehn
650,6 Wir gehn nach unsern Hütten zu

Geheimnis
559,3 die Geheimnisse verstehn
579,1–4 Geheimnis des Glaubens
579,3 Wer dies Geheimnis feiert

gehören
558,1-3 dir gehört unser Leben
634,3 Zum Ich gehört ein Du
651,2 Wir gehören für immer dem Herrn

Geige
538,2 bringt Lauten, Harfen, Geigen mit

Geist
553,2 wird sie sein Geist geleiten
554,2 als sie der Geist ergriff
555,1 Jesu Geist in unserer Mitte
557,1–3 Gottes Geist verläßt uns nicht
558,3 Heilger Geist, unser Tröster
560,3 wenn der Menschen Geist des Schöpfers Plan bewahrt
561 die Gemeinschaft des heilgen Geistes
562,2 gib uns deinen guten Geist
587,7 Der Schwachen Bruder wird der Geist
634,2 Vertraue auf den Geist
639,6 gibst Du uns Deinen Heilgen Geist
645,6 mein Geist sich auch zu seinem Werke wendet
645,7 mein Geist vor dir, o Majestät, sich beuget
645,8 Mein müder Geist im Herren ruhen will
645,9 laß nicht den Geist zerstreuet in Unruh
645,10 Im Finstern sei des Geistes Licht und Sonne

Gejagte
633 Mut den Gejagten

gelangen
628,4 Ich möchte nicht zum Mond gelangen

gelassen
645,8 mein Wille sich in dich gelassen senket

Geld
536,4 wo auf Macht , Besitz und Geld alle sich verlassen
577,2 Dabei zählen Macht und Geld
603,1 Wo kommt das viele Geld denn her in deinem Beutel groß und schwer

geleiten
553,2 wird sie sein Geist geleiten
645,4 Recht väterlich hast du mich heut geleitet

gelingen
647,1u.2 und laß alles wohl gelingen

Gemeinde, Gemeine
575,3 Und laden es mit Freude in die Gemeinde ein
575,5 das Kind beim Taufen in die Gemeinde auf
578,6 du gibst mir die Gemeine zum Lichtweg

gemeinsam
554,2 hatten alles nun gemeinsam
591 aber gemeinsam werden wir Anwalt
607 Laßt uns dies gemeinsam tun

Gemeinschaft
561 die Gemeinschaft des heilgen Geistes

genug
618,3 du weißt den Weg für mich, das ist genug

Gerechtigkeit
550,1 wenn erst nach dem Tode Gerechtigkeit käme
560,1u.4 und Gerechtigkeit die Kreatur erlöst
571,5 und uns Gerechtigkeit erwarb
598,2 seines Thrones Feste ist Wahrheit und Gerechtigkeit
625,2 in dir wohnt die Gerechtigkeit
640,1–3 Laß uns den Weg der Gerechtigkeit gehn

gering
613,2 achtet dieses nicht gering in der trübsten Zeit

gern
540 dich wollten wir anschauen gern
573,3 er hat seine Menschen gern
587,3 er will sich gern erbarmen
611,1 hilft er doch so gern
628,2 Ich möchte gern dort Brücken bauen
628,3 Ich möchte gern dort Hände reichen

Gesang
537,2 singen einen neuen Gesang dem Herren
597,2 Dank wird mit Gesang dich noch erheben

geschehen
536,3 er gescheh' auf Erden
542,2 das da geschehen, was niemand gedacht
640,2 Liebe lebt und geschieht unter uns
553,4 damit das Licht, das dir geschah
554,3 Möchte es auch uns geschehn, daß uns das Feuer faßt

556,1 Zu Ostern in Jerusalem, da ist etwas geschehn
556,2 Zu Pfingsten in Jerusalem, da ist etwas geschehn
556,3 in jedem Land kann plötzlich was geschehn
601,2 als ihr geschah, wie der Engel versprochen
645,5 Es ist mir leid, es soll nicht mehr geschehn
651,2 was auch soll uns geschehen, er nimmt, und er gibt

geschwächt
631 wolln wir stärken, was geschwächt ist

geschwind
547,2 Geschwind gesund

Gesicht
574,1 das Gesicht seiner Mutter
643 können das Gesicht der Welt verändern

Gestalt
616,2 und gewinnt in mir Gestalt

gesund
547,2 Geschwind gesund
552,4 Einer machte die Kranken gesund
577,2 Klugheit und gesunde Glieder

getrost
587,3 Nehmt ihn getrost
587,5 Verlacht getrost den Arm der Welt

gewähren
597,2 mir Mut und Kraft mit Huld gewährest

Gewalt
552,3 Krieg, Haß und Gewalt

gewinnen
578,8 Ich will dir Volk gewinnen
616,2 und gewinnt in mir Gestalt

Gitter
610,3 nur durch Gitter sehen wir uns an

glänzen
539,1 Wie glänzen die Sternlein

Glanz
536,5 Hell strahlt seiner Liebe Glanz über Raum und Zeiten
573,2 Er hat allen Glanz verlassen
593,1 Sonne voller Glanz und Pracht
648,5 des Lebens Glanz und Kraft zerfällt

glauben
552,5 Viele zweifeln und glauben nicht mehr
585,3 Ich glaube, wenn ich zweifeln sollte
585,4 Ich zweifle, wenn ich glauben sollte

Glaube
571,6 Du Wort des Glaubens
579,1–4 Geheimnis des Glaubens
585,3 und wenn mein Glaube tragen sollte
601,2 im Glauben singen
614,1u.4 Gib uns den Mut, voll Glauben
647,3 laß im Glauben uns obsiegen

gleich
537,2 Kinder, singet alle gleich preisen ihn von Herzensgrund mit gleichem Mund

546,5 Den gleichen Weg ist unser Gott gegangen
598,3 Herr aller Welt, wer ist dir gleich
648,2 Herr Jesu, laß uns gleichen Fleiß

Glied
577,2 Klugheit und gesunde Glieder
578,5 läßt uns erlöste Glieder am Leib
586,4 deine letzte Sorge war, der Glieder Einigkeit

Gloria
566 Gloria, gloria in excelsis Deo

Glück
537,3 Wünschet Glück dem Christkindlein
646,4 daß ich das Glück, von dem ich leb

glühen
637,1 fangen an zu glühen

Gnad/e
537,1 wie es seine große Gnad gewollt hat
537,3 singt mit ihn' das schöne Lied von Gottes Gnad
541 Verkündet die Gnade und Gottes Gefallen
561 Die Gnade unsers Herrn Jesu Christi
571,5 Du Wort der Gnade, tröstend Wort
586,2 Nur wo sich Demut offenbart, kann Gottes Gnade sein
597,4 Laß, Herr, da Gnade dich verklärt und ewig währt
618,2 ich rühm die Gnade, die mir Heil gebracht

Gnadenthron
587,8 Umzingelt Gottes Gnadenthron

Gnadenzeit
648,4 So sammle dir zur Gnadenzeit, o Seele

gnädig
571,6 im gnädig dargebotnen Heil
598,7 und eilt, mir gnädig beizustehn

Gott
536,5 preiset Gottes Taten
537,1 Singet frisch und wohlgemut, lobet Gott
537, Eine Magd gebar uns Gott
537,2 lobet Gott vom Himmelreich
537,3 singt mit ihn' das schöne Lied von Gottes Gnad
Ehre sei Gott in der Höh'
538,8 Gott Preis und Ehr in Ewigkeit
541, Verkündet die Gnade und Gottes Gefallen
546,1 Wer leben will wie Gott auf dieser Erde
546,5 Den gleichen Weg ist unser Gott gegangen
554,1–3 Gottes Volk geht nicht allein durch die Zeiten (Kehrvers)
Gott will selber bei ihm sein und es leiten
554,2 dankten Gott und hatten alles nun gemeinsam
556,3 Die Menschen hören, was Gott will, und können sich verstehn
557,1 Licht der Liebe, Lebenslicht, Gottes Geist verläßt uns nicht
560,1 Dann gehen Gott und die Menschen Hand in Hand
561 Die Gnade unsers Herrn Jesu Christi und die Liebe Gottes

565 Höre, höre uns, Gott, wir bitten dich
567 Ehre sei Gott in der Höhe! Gebt Gott die Ehre
568 Preisen laßt uns Gott, den Herrn
570 Heilig, heilig, Herr Gott Zebaoth
571,3 daß wir die Wege Gottes sehn
571,4 Gott, steh uns armen Sündern bei
572,1 Gottes Wort ist wie Licht in der Nacht
575,1 Gott selber gab das Leben
575,2 Sie leben alle davon, daß Gott mit ihnen geht
575,4 Wir werden ihm auch sagen, wie lieb Gott alle hat
575,5 Gott nimmt das Kind beim Taufen in die Gemeinde auf
576,1 Ein kleines Kind, du großer Gott, kommt in dein Haus
576,2 Es braucht die Kraft, du großer Gott
576,3 Es braucht das Licht, du großer Gott
576,4 Wir alle hier du großer Gott, wir brauchen dich
580,1–4 das erhebt meine Seele zu dir, o mein Gott (Kehrvers)
580,4 ich dank dir, mein Gott, und ich preise dich
582,1 Laßt uns Brot brechen und Gott dankbar sein
582,3 Laßt uns Gott loben und ihm dankbar sein
583,1 der Tisch voll Speis und Trank aus Gottes Hand
586,2 Nur wo sich Demut offenbart, kann Gottes Gnade sein
587,1 Gott ruft dich, priesterliche Schar
587,2 auf euer Rufen ist's gestellt, daß Gott den Jammer wende
587,3 Beschämt nicht Gottes Heil und Hort
587,7 der recht die Ehre Gottes preist, der Heiligen Vertreter
587,8 der Hohepriester, Gottes Sohn
588,1 Gott hat uns lieb, Groß und Klein
592 Du Gott stützt mich, du Gott stärkst mich, du Gott machst mir Mut
593,1 Morgenstern, aus Gott entglommen, treib hinweg die alte Nacht
596 Lobt Gott und preiset ihn
598,1 Gott ist mein Lied. Er ist der Gott der Stärke
598,2 Er herrscht als Gott
598,3 ohn Anfang Gott und Gott in ewgen Zeiten
598,4 Was ist und war im Himmel, Erd und Meere, das kennet Gott
598,9 Nichts, nichts ist mein, das Gott nicht angehöre
601,1 Gottes Lob wandert, und Erde darf hören
608,1 Alles, was wir sind hat Gott geschenkt
608,2 Leben ist uns auch von Gott geschenkt
608,3 Hoffnung ist uns auch von Gott geschenkt
608,4 Was wir geben, hat uns Gott geschenkt
609 Wir preisen Gott, den Herrn
611,1 in aller Not wird er dich beschirmen, der treue Gott
611,2 Wenn alles bricht, Gott verläßt uns nicht
rett auch unsre Seele, du treuer Gott
619,1 Gott hält die Welt in seiner Hand

620,1–4 Gottes Liebe ist wie die Sonne (Kehrvers)
621,1 Wo Gottes große Liebe in einen Menschen fällt
621,2 Wo Gottes große Liebe in einem Menschen brennt
621,3 Nimm Gottes Liebe an
teilst Liebe aus, denn Gott füllt dir die Hand
624,1 Lieber Gott, ich danke dir, daß du bei mir bist
624,2 lieber Gott, ich danke dir, und ich lobe dich
627,1–3 Wo die Liebe wohnt, da wohnt auch Gott (Kehrvers)
627,1 macht Bruder und Schwester zu Gottes Kind
627,2 Darum loben wir Gott, der uns alle vereint
627,3 Mitten unter uns nimmt Gottes Reich seinen Lauf
631 In Gottes Namen wolln wir finden, was verloren ist
in Gottes Namen wolln wir suchen
in Gottes Namen wolln wir heilen
in Gottes Namen wolln wir stärken
in Gottes Namen wolln wir hüten
wie eine Quelle in Gottes Namen
632,1 dann hat Gott unter uns schon sein Haus gebaut
634,2 Gott hält sie offen
634,3 Weil Gott uns Friede gab, kannst du ihn wagen
634,4 Inmitten aller Schuld ist Gott am Werke
635 Jeder Teil dieser Erde ist unserm Gott heilig
638,1 Ich lobe meinen Gott, der aus der Tiefe mich holt
Ich lobe meinen Gott, der mir die Fesseln löst
Ehre sei Gott auf der Erde in allen Straßen und Häusern (Kehrvers)
Ehre sei Gott und den Menschen Frieden
638,2 Ich lobe meinen Gott, der mir den neuen Weg weist
Ich lobe meinen Gott, der mir mein Schweigen bricht
638,3 Ich lobe meinen Gott, der meine Tränen trocknet
Ich lobe meinen Gott, der meine Angst vertreibt
640,1 dein Reich komme, Gott
642,1 Weil Gott die Welt geschaffen hat, laßt uns sie gut bewahren
643 Gottes Segen soll sie begleiten, wenn sie ihre Wege gehn
644,2 Wir sollen Gottes Strahlen sein
Gott will durch uns sich tief hinein in seine Erde senken
644,3 Gott schenkt sich uns in dieser Welt
645,1 In Gottes Schoß, sonst nirgend findst
645,2 Laß mich in dich, mein Gott, gekehret sein
645,6 im stillen Grund, mein Gott, zu schauen dich
648,2 Gott ließ der Erde Frucht gedeihn
648,4 Was Gottes Hand für uns gemacht
650,1 einst blüht er auf und steigt verklärt zu Gott hinauf
650,3 Des Frommen Seele lebt bei Gott

Gottesglanz

571,7 So geh uns auf, du Gottesglanz

Gotteskind
648,1 ihr Gotteskinder, schweiget nicht

Grab
551,2 Seht, das Grab ist nicht mehr Grab
553,4 sei auch an unsern Gräbern da
559,1 der den Stein vom Grabe hebt

Graben
628,2 wo alle tiefe Gräben sehn

Gras
539,6 So gehet und nehmet ein Lämmlein vom Gras
610,1–4 deine Liebe ist wie Gras und Ufer

greifen
574,3 daß es greifen lernt
648,2 wir greifen zu und holen ein

Grenze
584,1 Meine engen Grenzen
640,6 trotz der vielen Völker Grenzen

groß
537,1 lobet Gott, das höchste Gut, der so große Wunder
wie es seine große Gnad gewollt hat
537,3 und große Freude widerfahre allen
553,2 Daß große Auferstehung sei, sagt an zu allen Zeiten
576,1 Ein kleines Kind, großer Gott
576,2 Es braucht die Kraft, du großer Gott
576,3 Es braucht das Licht, du großer Gott
576,4 Wir alle hier, du großer Gott, wir brauchen dich
580,1–4 großer König, Lob sei dir und Ehre
583,1 Dies ist die Nacht des großen Festmahls
598,1 groß sind seine Werke
603,1 in deinem Beutel groß und schwer
604,1–4 durch den großen Fluß
621,1 Wo Gottes große Liebe in einen Menschen fällt
621,2 Wo Gottes große Liebe in einem Menschen brennt

Große
588,1-4 Gott hat uns lieb, Groß und Klein (Kehrvers)

Großmut
633 Großmut den Frauen

gründen
536,4 wollen wir in allem Tun uns auf Christus gründen

grüßen
637,4 Alle Stummen hier und da fangen an zu grüßen

Gruft
650,1 Begrabt den Leib in seine Gruft

Grund
617,3 daß dein Name bliebe im Grunde tief gedrücket ein
645,6 im stillen Grund, mein Gott

gucken
539,3 Ich hab nur ein wenig von weitem geguckt

Güte
562,1 Segne und behüte uns durch deine Güte

599,2 Selig seid ihr, wenn ihr Güte wagt

Gut
537,1 lobet Gott, das höchste Gut
648,3 Du, rechter Weinstock, höchstes Gut

Gute
585 Hilf uns das Gute wagen (Kehrvers)
590,3 Laß uns Gutes tun und nicht eher ruhn
598,7 er weiß, wie oft ich Gutes tu

gut
562,2 gib uns deinen guten Geist
575,3 Wir wollen diesem Kinde recht gute Freunde sein
602,6 Du bist der gute Hirte
642,1 laßt uns sie gut bewahren mit allen
645,4 daß du so gut und treu
646,5 Gib eine gute Nacht

Halleluja
538,1–8 Halleluja, Halleluja! Von Jesu singt und Maria
541 die Freude sagt allen, Halleluja singt Frieden auf Erden, Halleluja
548 Er ist wahrhaftig auferstanden! Halleluja, Halleluja
551,1 nichts ist, wo es war. Halleluja
551,2 nichts ist, wie es war. Halleluja
551,3 er geht euch voraus. Halleluja
567 Halleluja, Amen
568 preisen laßt uns Gott, den Herrn, Amen. Halleluja
596 lobt Gott und preiset ihn, alle Völker, Halleluja
601,1 Der Hohe schaut die Niedrige an. Halleluja, Halleluja
601,2 Die Stolzen stürzt er endlich vom Thron. Halleluja
601,3 Er denkt an uns, hilft Israel auf. Halleluja
623,1–3 Halleluja, Halleluja, Halleluja
625,1–3 Schön sind deine Namen. Halleluja. Amen
626,1 Freude, die über-überfließt. Halleluja
626,2 Stimmt in den Jubel mit uns ein! Halleluja

Halt
572 es gibt Halt in Bedrängnis
616,2 In der Bedrückung ist mein Halt

halten
536,3 Christus sein Versprechen hält
597,4 Die Linke hält der Feinde Schwarm
619,1 Er hält die ganze Welt in seiner Hand
619,2 Er hält das winzig kleine Baby in seiner Hand
619,3 Er hält die Sonne und den Mond in seiner Hand
619,4 Er hält auch dich und mich in seiner Hand
625,3 Wir halten uns bei dir
632,3 Wenn die Hand, die wir halten, uns selber hält
634,2 Gott hält sie offen
649,1 Du hältst die Speisen uns bereit
649,2 Du hältst dich für uns selbst bereit
649,3 Du hältst die Hoffnung uns bereit

Hand
547,3 mit bloßer Hand und bloßem Wort
555,1 Jesu Werk in unseren Händen

560,1–4 Dann gehen Gott und die Menschen Hand in Hand
574,3 seinen eigenen Händen nach der Hand seiner Freunde
583,1 und Trank aus Gottes Hand
586,5 uns selber an der Hand
587,2 nehmt ihn auf eure Hände
590 Segnend halte Hände über uns
604,2 Ich wünscht, ich hätte Hände wie Christophorus
608 Alles nehmen wir aus seiner Hand
617,2 Wie falten sie die frohen Hände
619,1 Er hält die ganze Welt in seiner Hand
619,2 Er hält das winzig kleine Baby in seiner Hand
619,3 Er hält die Sonne und den Mond in seiner Hand
619,4 Er hält auch dich und mich in seiner Hand
621,3 denn Gott füllt dir die Hand
627,2 wir reichen dem Gegner unsere Hand
627,3 mit unsern Händen baut Christus es auf
628,3 Ich möchte gern dort Hände reichen
632,3 Wenn die Hand, die wir halten
647,3 deine Hand leist uns Hilfe und Beistand
648,4 Was Gottes Hand für uns gemacht

Handbreite
622,1 eine Handbreit rechts und links

handeln
614,1 heute und morgen zu handeln
638,2 der mir den neuen Weg weist, damit ich handle

Harfe
538,2 bringt Lauten, Harfen, Geigen mit

harren
611,1-2 Harre, meine Seele, harre des Herrn

hart
628,3 wo jemand harte Fäuste ballt
637,4 Alle Mauern tot und hart

hassen
536,4 Singt von Liebe in der Welt dort, wo Menschen hassen
646,3 wenn man sich haßt

Haß
552,3 Viele kennen nur Waffen und Krieg, Haß
627,2 weil Christus den Haß und die Angst verbannt

Haus
542,4 schein auch zu Haus
560,2 und zusammenstehn im einen Haus
576,1 kommt in dein Haus
589,1–4 Komm, bau ein Haus, das uns beschützt (Kehrvers)
589,1 Lad viele Tiere ein ins Haus
589,2 Lad viele Kinder ein ins Haus
589,3 Lad viele Alte ein ins Haus
589,4 wohn mit mir in diesem Haus
603,4 „Läßt du mich in dein Haus hinein"
622,2 aus dem Haus der Sorgen
632,1 dann hat Gott unter uns schon sein Haus gebaut
638,1–3 in allen Straßen und Häusern (Kehrvers)

heben
559,1 der den Stein vom Grabe hebt

582,1–3 Wenn ich kniee und hebe den Blick

Heer
580,1–4 deiner Engel und himmlischen Heere (Kehrvers)
598,4 und seiner Werke Heere sind ewig
648,9 der Schwalben Heer der Sonn entgegen streben

hehr
598,1 Hehr ist sein Nam

Heil
571,1 du Pfand des Heils
571,6 im gnädig dargebotnen Heil
583,2 für das Heil der Welt
587,3 Beschämt nicht Gottes Heil und Hort
618,2 ich rühm die Gnade, die mir Heil gebracht

Heiland
578,8 Dank will ich dir sinnen, mein Heiland Jesus Christ
603,4 dein Heiland sieht dich an

heilen
552,4 einer heilte sie alle
578,5 Du heilst die Schöpfung wieder
587,6 und heilet, was zerbrochen
631 in Gottes Namen wolln wir heilen
637,2 fangen an zu heilen

heilig
558,3 Heilger Geist, unser Tröster
561 die Gemeinschaft des Heilgen Geistes
570 Heilig, heilig, Herr Gott Zebaoth
587,7 der recht die Ehre Gottes preist, der Heiligen Vertreter
635 Jeder Teil dieser Erde ist unserm Gott heilig
639,6 gibst Du uns Deinen Heilgen Geist

Heilige
587,7 der Heiligen Vertreter

Heiligtum
597,1 will in deinem Heiligtum, Herr
645,7 Ins Heiligtum, ins Dunkle kehr ich ein

Heimat
584,4 Wandle sie in Heimat
645,3 mein' Heimat, tu dich auf

heimbringen
648,4 das ist nun alles heimgebracht

heimlich
621,1 ganz heimlich still und leise

Held
587,5 es hat ein andrer Herr und Held

Helfer
554,1 er möge euch einen Helfer
611,2 größer als der Helfer ist die Not ja nicht

helfen
536,2 Christus hilft sie tragen
574,1–5 Segne dieses Kind und hilf uns
585,1–4 Herr, hilf das Rechte sagen (Kehrvers)
587,4 noch Schwert hilft wider die Dämonen
597,2 so halfst du mir
601,3 Er denkt an uns, hilft Israel auf
611,1+2 hilft er doch so gern

647,1 Hilf uns, Herr, in allen Dingen

hell

536,1 bis in alle Dunkelheit strahlen hell die Kerzen
536,5 Hell strahlt seiner Liebe Glanz über Raum und Zeiten
557,1 durchbricht die Nacht und erhellt die Zeit
571,3 mach unsre dunklen Augen hell
593,3 Laß den hellen Freudenschall siegreich aufgehn
593,5 mach die Augen hell und klar
621,2 entfacht doch helle Flammen da wird die Welt vom Licht erhellt
637,1 Alle Nächte werden hell, fangen an zu glühen
542,4 steht noch dein heller Schein in unserm Blick

heraus

578,1 rief mich dein Wort heraus
622,2 einen Sprung aus dir heraus

Herberg

539,5 ihm sonst keine andere Herberg anbeut

herführen

542,3 Du hast uns hergeführt

Herr

537,1 Heute uns erschienen ist der Herre Christ
537,2 singen einen neuen Gesang dem Herren
544,1 Wir folgen dem Stern, wir suchen den Herrn
545,2 Wer will bei dem Herren bleiben
548 Der Herr ist auferstanden
550,1 Das könnte den Herren der Welt ja so passen erst dann die Herrschaft der Herren
550,2 wenn hier die Herrschaft der Herren
550,3 zum Aufstand gegen die Herren
551,3 Seht, der Herr erstand vom Tod
554,1 Das ist des Herrn Wort an uns
561 Die Gnade unsers Herrn Jesu Christi
562,1 Segne und behüte uns durch deine Güte, Herr
562,3 Lobet all' den Namen unsers Herren Jesu Christ
564 schenk uns deine Liebe, Herr
568 Preisen laßt uns Gott, den Herrn
569 O Herr, wir loben dich
570 Heilig, heilig, Herr Gott Zebaoth
571,1 du seligmachend Wort des Herrn
573,1 lobt den Herrn, unter uns erblüht sein Stern
573,2 lobt den Herrn, er ist nicht mehr hoch und fern
573,3 lobt den Herrn, er hat seine Menschen gern
575,1 Er bleibt des Kindes Herr
576,1 Herr, nimm es auf bei dir
578,4 Dein Gabe, Herr, ich preise
579,2 So gab der Herr sein Leben
579,4 Als Brot für viele Menschen hat uns der Herr erwählt
580,1–4 Daß du mich einstimmen läßt in deinen Jubel, o Herr (Kehrvers)
580,1 Herr, du kennst meinen Weg
580,2 Herr, du reichst mir das Brot du bleibst selbst, Herr, mein Begleiter

580,4 Herr, ich dank dir, mein Gott, und ich preise dich, Herr
582,1 o Herr, erbarme dich mein
584,1 Wandle sie in Weite: Herr, erbarme dich
584,2 Wandle sie in Stärke; Herr erbarme dich
584,3 Wandle sie in Wärme: Herr, erbarme dich
584,4 Wandle sie in Heimat: Herr, erbarme dich
585,1 Herr, hilf das Rechte sagen
Herr, hilf das Rechte tun
586,1 Herr, der du einst gekommen bist
587,5 es hat ein andrer Herr und Held
590 Herr, wir bitten: Komm und segne uns
595, Die Erde ist des Herrn und was darinnen ist
597,1 und will in deinem Heiligtum, Herr, dir zum Ruhm mein Opfer bringen
Den Namen dein an allem Ort, Herr
597,2 Herr, aller Erdenkön'ge Dank wird mit Gesang dich noch erheben
597,3 Dann singen sie dem Herrn geweiht
597,4 Der Herr führt's wahrlich aus für mich
Laß, Herr, da Gnade dich verklärt und ewig währt, dein Werk nicht fahren
598,3 Herr aller Welt, wer ist dir gleich
598,9 Herr, immerdar soll deines Namens Ehre, dein Lob in meinem Munde sein
600 Meine Seele preist den Herren
601,1 Den Herrn preist meine Seele
601,3 Für uns wirst du Mensch, Herr
602,2 Du, Herr, bist selbst die Wahrheit
605 Danket dem Herrn und lobsingt seinem Namen
607 singen, loben, danken dem Herrn
609 Wir preisen Gott, den Herrn
610,1 Herr, deine Liebe ist wie Gras und Ufer
610,4 Herr, du bist Richter
611,1 Harre, meine Seele, harre des Herrn
614,1 Laß uns in deinem Namen, Herr, die nötigen Schritte tun
Gib uns den Mut, voll Glauben, Herr, heute und morgen zu handeln
614,2 Gib uns den Mut, voll Liebe, Herr, heute die Wahrheit zu leben
614,3 Gib uns Mut, voll Hoffnung, Herr, heute von vorne zu beginnen
614,4 Gib uns Mut, voll Glauben, Herr, mit dir zu Menschen zu werden
620,4 Denn der Herr dieser Liebe, Christus Jesus, ist treu
628,1 Herr, gib mir Mut zum Brükkenbauen
634,1 Die Erde ist des Herrn
641 Schenk uns, Herr, Shalom
642,3 Daß uns die Welt erhalten bleibt, laßt uns den Herren bitten
645,5 Vergib es, Herr, wo ich mich heut verirret
645,7 Herr, rede du, laß mich ganz stille sein
645,8 Mein müder Geist im Herren ruhen will
646,3 Du, Herr, kennst auch das Leid
647,1 Hilf uns, Herr, in allen Dingen

647,2 Hilf uns Herr, in allen Nöten
647,3 Hilf uns, Herr, in letzten Zügen O Herr Jesu, deine Hand leist uns Hilfe
648,2 Herr Jesu, laß uns gleichen Fleiß an deiner Liebe
648,4 o Seele, was dein Herr dir beut, für deine Kreuzesstunden
650,2 Aus Staube schuf ihn einst der Herr
651,1 der Herr gibt und nimmt
651,2 Wir gehören für immer dem Herrn

Herrlichkeit
553,1 Sein ist die Herrlichkeit

Herrschaft
550,1-2 erst dann die Herrschaft der Herren

herrschen
598,2 Er herrscht als Gott

Herz
536,1 singt mit frohem Herzen
539,3 da hat mir mein Herz schon vor Freuden gehupft
547,2 es hofft das Herz, es schreit der Mund
571,2 die Herzen sind dir aufgetan
571,4 Du Wort der Buße, füll das Herz uns an mit tiefem Reueschmerz
574,5 daß es lieben lernt mit seinem ganzen Herzen
593,2 sich noch manches Herz tut auf
597,1 Mein ganzes Herz erhebet dich
597,4 von Angst und Not umringt, das Herz entsinkt
616,1 In der Zeit der Fülle hat mein Herz sein Wort erkannt
616,2 In der Zeit der Dürre schweigt das Herz voll Traurigkeit
616,3 Er, der Trennendes durchbricht, füllt das Herz mit Zuversicht
617,3 Möcht deine süße Jesuliebe in Herz und Sinn gepräget sein
618,1 daß ängstlich schlägt das Herz
627,3 daß heute und immer sein Herz für uns schlägt
644,1 von Herzen nun ergeben
645,8 Mein Herz sich dir zum Abendopfer schenket
648,1 laßt hinauf zum ewgen Licht des Herzens Opfer steigen
648,3 aus voller Kelter fließt der Most, die Herzen zu erfreuen

Herzensfreude
648,2 an deiner Liebe Ruhm und Preis mit Herzensfreude legen

Herzensgrund
537,2 preisen ihn von Herzensgrund

herzig
539,4 Ein herziger Vater, der steht auch dabei

herzlich
537,3 und habt dran ein herzlichs Wohlgefallen

Heu
539,4 ein' wunderschön Jungfrau kniet auch auf dem Heu

heute
537,1 Heute uns erschienen ist der Herre Christ
539,5 daß man auch heut ihm sonst keine andere Herberg anbeut

547,4 schreit: heut ist die Hoffnung an der Macht
556,1 das ist noch heute wunderbar
603,4 dein Gast will ich noch heute sein
614,1 Gib uns den Mut, voll Glauben, Herr, heute und morgen zu handeln
614,2 Gib uns den Mut, voll Liebe, Herr, heute die Wahrheit zu leben
614,3 Gib uns Mut, voll Hoffnung, Herr, heute von vorne zu beginnen
627,3 daß heute und immer sein Herz für uns schlägt
632,1 Ja, dann schauen wir heut schon sein Angesicht in der Liebe
642,1 laßt uns sie gut bewahren mit allen, die heute leben
642,2 laßt uns jetzt widerstehen mit allen, die heute leben
642,3 laßt uns den Herren bitten, mit allen, die heute leben
645,4 Recht väterlich hast du mich heut geleitet
645,5 Vergib es, Herr, wo ich mich heut verirret
646,1 Heut war ein schöner Tag

hienieden

562,2 Schenk uns deinen Frieden alle Tag hienieden

Hilfe

553,1 und Hilfe ist durch ihn erwacht
573,1 Er will uns zur Hilfe kommen
647,3 deine Hand leist uns Hilfe und Beistand

Himmel

538,1 Vom Himmel hoch, o Engel, kommt
547,3 nun schallt der Himmel, blüht das Land
558,1 Vater unser im Himmel
559,3 Welcher Engel leiht uns Flügel, unsern Himmel einzusehn
571,7 wenn Erd und Himmel untergeht
589,1 beschreibe den Himmel, der uns blüht
589,2 laß sie dort lange spielen, wo der Himmel blüht
589,3 laß sie dort lange tanzen, wo der Himmel blüht
589,4 dann wird die Freude wachsen, wo der Himmel blüht
594 Der Himmel geht über allen auf
598,1 und alle Himmel sein Gebiet
598,4 Was ist und war im Himmel
598,6 ob du ans Meer, ob du gen Himmel flöhest
622 Weißt du, wo der Himmel ist
638,1–3 bis das Lied zum Himmel steigt (Kehrvers)

Himmelsleiter

578,7 hier steht die Himmelsleiter

Himmelreich

537,2 lobet Gott vom Himmelreich

himmlisch

538,4 Hier muß die Musik himmlisch sein
weil dies ein himmlisch Kindelein
580,1–4 deiner Engel und himmlischen Heere (Kehrvers)
650,5 der uns versöhnt und himmlisch seine Sieger krönt

hinaufsteigen
650,1 und steigt verklärt zu Gott hinauf

hinaus
621,1 hinaus in unsre Welt
621,3 gehst du hinaus, teilst Liebe aus

hineinführen
645,9 führ mich in dich hinein

hingeben
644,3 daß du dich wiederum gibst hin

Hirte
602,6 Du hast gesagt: „Ich bin der Hirte
616,1-3 Auf der Spur des Hirten führt der Weg
645,9 mein treuer Hirt, führ mich in dich hinein

hoch, hohe
538,1 Vom Himmel hoch, o Engel, kommt
547,4 Der Troß auf hohem Rosse lacht
573,2 er ist nicht mehr hoch und fern
597,3 wie seines Namens Majestät sei hoch erhöht
denn der Erhabne wohnet hoch
601,1 Der Hohe schaut die Niedrige an
617,2 Ehr sei dem hohen Jesusnamen
622,3 Weißt du, wo der Himmel ist, nicht so hoch da oben
628,2 über hohe Mauern gehn
648,3 Du, rechter Weinstock, höchstes Gut
648,7 Ach Mensch, sei noch so hoch und wert

Hochmut
597,3 in Hochmut lebt, ist ihm zuwider

höchste
537,1 lobet Gott, das höchste Gut
648,3 Du, rechter Weinstock, höchstes Gut
648,7 Es fällt der höchsten Bäume Laub

Höhe
537,3 Ehre sei Gott in der Höh
544,2 wir erklimmen die Höh'n
567 Ehre sei Gott in der Höhe

Hölle
537,1 Immanuel, der uns selig macht und führt aus Tod und Höll

hören
538,3 Laßt hören euer Stimmen viel
556,1 hört, hört, nicht jeder kanns verstehn
556,2 hört, hört, und jeder kann's verstehn
556,3 Die Menschen hören, was Gott will
hört, hört, und können sich verstehn
565 Höre, höre uns, Gott, wir bitten dich
574,2 daß es hören lernt
585,2 wenn ich einmal hören sollte
587,2 O hört den Todesschrei der Welt
587,6 er hört die Stimme, die ihm klagt
593,3 da man nicht die Stimme hört
601,1 und Erde darf hören

624,2 und du hörst auf mich

hoffen
537,2 und hoffen frei, daß ihm unser Dienst ein Wohlgefallen sei
547,2 es hofft das Herz, es schreit der Mund
623,2 Du bist da, wo Menschen hoffen
627,3 wir hoffen, daß seine Liebe uns trägt
634,2 Denn wer was Neues schafft, der läßt uns hoffen

Hoffnung
536,2 Singt von Hoffnung für die Welt dort, wo Menschen zagen
547,4 schreit: heut ist die Hoffnung an der Macht
552,1–4 Licht auf unseren Wegen, Hoffnung, die aus dem Tod erstand (Kehrvers)
557,2 Ein Licht weist den Weg, der zur Hoffnung führt
572,1 es hat Hoffnung und Zukunft gebracht
577,3 Er ist unsre Hoffnung. Amen
583,1 Er ruft die vielen her, die Hoffnung suchen
608, Hoffnung ist uns auch von Gott geschenkt
614,3 Gib uns Mut, voll Hoffnung, Herr, heute von vorn zu beginnen
623,2 du bist da, wo Hoffnung ist
627,1 weckt Hoffnung, wo Menschen verzweifelt sind
629,3 Hoffnung ist nicht nur ein Wort
632,4 der Schmerz, den wir teilen, zur Hoffnung wird
649,3 die Hoffnung uns bereit

Hohepriester
587,8 der Hohepriester, Gottes Sohn

holen
638,1 der aus der Tiefe mich holt

Hort
587,3 Beschämt nicht Gottes Heil und Hort

Hosianna
547,2 Von Hosianna tönt die Stadt
547,4 schreit lauter Hosianna
547,3 Es siegt der Hosiannaruf

Hürde
645,2 das Schäflein kehrt in seine Hürde ein

hüten
631 in Gottes Namen wolln wir hüten

Hütte
645,10 deck mich bei dir in deiner Hütte zu
650,6 wir gehn nach unsern Hütten zu

Huld
597,2 mir Mut und Kraft mit Huld gewährest

hungern
552,1 Viele hungern, die andern sind satt

Hungersnot
639,4 retten aus aller Hungersnot

hupfen
539,3 da hat mir mein Herz schon vor Freude gehupft

Ich
610,3 Unser versklavtes Ich ist ein Gefängnis

Immanuel
537,1 Heute uns erschienen ist der Herre Christ, Immanuel

immer
550,1 der Knechte vergessen wäre für immer
550,2 so weiterginge wie immer
567 Gebt Gott die Ehre für immer
620,1–4 sie ist immer und überall da (Kehrvers)
620,3 was auch immer es sei
627,3 daß heute und immer sein Herz für uns schlägt
651,2 Wir gehören für immer dem Herrn

immerdar
598,9 immerdar soll deines Namens Ehre

inmitten
634,4 Inmitten aller Schuld ist Gott am Werke

innen
622,1 Weißt du, wo der Himmel ist, außen oder innen

inniglich
645,6 zu lieben inniglich, im stillen Grund

Instrument
538,2 Kommt ohne Instrumente nit

irre, irren
571,3 in der Welt nicht irre gehn
578,6 Nun irr ich nicht alleine

Israel
601,3 Er denkt an uns, hilft Israel auf

Jahr
616,3 die in Jahr und Tag geweint
648,1 Des Jahres schöner Schmuck entweicht

Jammer
587,2 daß Gott den Jammer wende
593,4 strahle Tröstung in den Jammer

jedoch
628,4 jedoch zu meines Feindes Tür

jemand
628,3 wo jemand harte Fäuste ballt

Jesus
538,1 Von Jesu singt und Maria
553,1 Besiegt hat Jesus Tod und Nacht
553,2 auf Jesu Namen kühn und frei
553,4 Du treuer Jesus, bleib uns nah
555,1 Jesu Geist in unserer Mitte
Jesu Werk in unseren Händen
Jesu Geist in unseren Werken
555,2 Jesu Wort für unsere Wege
Jesu Weg für unser Leben
558,2 Jesus Christ, unser Retter
561 Die Gnade unsers Herrn Jesu Christi
562,3 Lobet all' den Namen unsers Herren Jesu Christ
575,5 In Jesu Christi Namen beginnt sein Lebenslauf
577,3 Taufen dich in Jesu Namen
578,8 Dank will ich dir sinnen, mein Heiland Jesus Christ
581 Jesus Brot, Jesus Wein
593,2 wo du richtest, Jesu Christ
603,3 vom Baum aus kann ich Jesus sehn

617,1 Ich bete an die Macht der Liebe, die sich in Jesus offenbart
617,3 O Jesu, daß dein Name bliebe im Werk und allem Wesen sei Jesus
620,4 der Herr dieser Liebe, Christus Jesus
626,1 Jesus löst die Fesseln auf
626,2 Jesus trägt für alle Zeit unsre Last
629,1 Als Zeichen der Liebe ist Jesus geboren
629,2 Als Zeichen der Freiheit ist Jesus gestorben
629,3 Als Zeichen der Hoffnung ist Jesus lebendig
634,4 Denn der in Jesus Christ ein Mensch geworden ist
647,3 O Herr Jesu, deine Hand leist uns Hilfe
648,2 Herr Jesu, laß uns gleichen Fleiß
648,6 O Jesu, sei uns Dach und Turm
650,4 Du trugest Jesu Christi Joch
650,7 Ach Jesu Christ, dein bittrer Tod

Jesuliebe
617,3 Möcht deine süße Jesuliebe

Jesusnamen
617,2 Ehr sei dem hohen Jesusnamen

Jerusalem
545,1-4 Wir gehn hinauf nach Jerusalem
556,1 Zu Ostern in Jerusalem
556,2 Zu Pfingsten in Jerusalem

Joch
650,4 Du trugest Jesu Christi Joch

Jubel
580,1–4 Daß du mich einstimmen läßt in deinen Jubel (Kehrvers)
626,2 Stimmt in den Jubel ein

jubeln
601,1 sie jubelte Antwort

Jünger
554,2 An den Jüngern wies es sich
556,2 Die Jünger reden ohne Angst

Jung
628,3 Zeichen des Friedens zwischen Jung und Alt

Jungfrau
539,4 ein' wunderschön Jungfrau kniet auch

Kälte
539,5 Das Kindlein, das zittert vor Kälte und Frost

kahl
648,1 die Flur wird kahl

kalt
648,5 die Nebel kalt darüber wehn

Kampf
577,2 Kampf und Krieg zerreißt die Welt
645,10 im Kampf und Kreuz mein Beistand

kaum
621,2 Ein Funke, kaum zu sehn

Keim
559,2 die im Keim die Frucht schon sehn

Kelch
545,2 kosten von einem so bittern Kelch
582,2 Nehmt den Kelch, trinkt
583,2 Er nimmt den Kelch und spricht

Kelter
648,3 aus voller Kelter fließt der Most

kennen
552,3 Viele kennen nur Waffen und Krieg
598,4 das kennet Gott

Kerze
536,1 bis in alle Dunkelheit strahlen hell die Kerzen

Kette
604,1–4 in langen Ketten ziehen wir (Kehrvers)

Kind
537,2 Kinder, singet alle gleich
539,3 ein schönes Kind, ein schönes Kind liegt dort in der Krippe
540 das Kind der Ewigkeiten uns alle trösten will (Kanon)
542,1 Stern über Bethlehem, führ uns zum Kind
574, Segne dieses Kind und hilf uns, ihm zu helfen
575,1 Ein Kind ist angekommen Er bleibt des Kindes Herr
575,3 Wir wollen diesem Kinde recht gute Freunde sein
575,5 Gott nimmt das Kind beim Taufen in die Gemeinde auf
576,1 Ein kleines Kind, du großer Gott, kommt in dein Haus
577,1 Kind, du bist uns anvertraut
588,4 Tragt zu den Kindern ein Licht
589,3 Lad viele Kinder ein ins Haus
590,2 wo man, wie ein Kind, deinem Wort Vertrauen schenkt
604,1 ein kleines Kind durch die Gefahren, durch den großen Fluß
627,1 macht Bruder und Schwester zu Gottes Kind
631 wie mein Kind, wie eine Quelle in Gottes Namen

Kindlein, Kindelein
538,4 weil dies ein himmlisch Kindelein
538,7 davon das Kindlein schlafen soll
539,5 Das Kindlein, das zittert vor Kälte und Frost
539,6 auf daß ihr dem Kindlein kein Unruh

Kirche
553,3 Zu seiner Kirche kommt er neu
578,5 Glieder am Leib, an deiner Kirche sein

klagen
587,6 er hört die Stimme, die ihm klagt

Klang
538, 6 Sehr süß muß sein der Orgel Klang
574,2 mit seinen eigenen Ohren auf den Klang seines Namens

klar
540 O klare Sonn, du schöner Stern
593,5 mach die Augen hell und klar

Klarheit
545,4 zur Stätte der ewgen Klarheit
640,1 Dein Reich in Klarheit und Frieden

klein
546,3 das kleinste Korn in Sturm und Wind muß sterben
546,4 Das kleinste Korn, es wird zum Brot
576,1 Ein kleines Kind, du großer Gott
586,4 Erinnre deine kleine Schar
591 Einsam bist du klein
603,3 Zachäus, kluger kleiner Mann
604,1 ein kleines Kind durch die Gefahren
619,2 Er hält das winzig kleine Baby in seiner Hand
621,1 und ist er noch so klein
643 Viele kleine Leute an vielen kleinen Orten

Kleid
598,2 Licht ist sein Kleid
632,3 und das Kleid, das wir schenken

Klein, Kleine
588,1–4 Gott hat uns lieb, Groß und Klein (Kehrvers)
597,3 und siehet doch auf Kleine nieder

klingen
538,1 singt und klingt
539,4 um und um klingt's
616,1 Laut und fröhlich klingt das Lied

klug
603,3 Zachäus, kluger kleiner Mann

Klugheit
577,2 Klugheit und gesunde Glieder

Knechtschaft
550,1–2 erst dann die Knechtschaft der Knechte

Knechtsgestalt
586,1 in Knechtsgestalt zu gehn

knien
539,4 ein' wunderschön Jungfrau kniet auch
582,1–3 Wenn ich kniee und hebe den Blick
593,2 daß noch manches Knie sich beuget

Knospe
637,1 Alle Knospen springen auf

König
580,1–4 großer König, Lob sei dir und Ehre (Kehrvers)

Königshaus
578,1 ein Pilgrim, in dein Königshaus

können
550,1 Das könnte den Herren der Welt ja so passen
554,3 wo ein Mensch den andern finden kann
556,1 nicht jeder kann's verstehn
556,2 und jeder kann's verstehn
556,3 in jedem Land kann plötzlich was geschehn
577,3 kannst der Macht der Liebe trauen
579,1 für sich kann keiner sein
585,2 dann kann ich's plötzlich nicht
586,2 kann Gottes Gnade sein
586,5 weil dort nur mit regieren kann
603,3 vom Baum aus kann ich Jesus sehn

610,2 aus der man etwas machen kann
Blume Wurzeln schlagen kann
610,4 Du nur kannst befreien
620,2 Sie kann dich verändern
620,3 Nichts kann uns von ihr scheiden
621,3 denn seine Liebe kann in deinem Leben Kreise ziehn
624,2 Daß ich mit dir sprechen kann
634,3 kannst du ihn wagen
639,5 mit Dir er sie bewahren kann
643 können das Gesicht der Welt verändern
645,9 mit dir kann ich vergnüget sein
647,2 alles was uns könnte töten

kommen
538,1 Vom Himmel hoch, o Engel, kommt
kommt, singt und klingt, kommt, pfeift und trombt
538,2 Kommt ohne Instrumente nit
553,3 Zu seiner Kirche kommt er neu
559,1 welcher Engel wird wohl kommen
560,1 Es kommt die Zeit, in der die Träume sich erfüllen
560,2 Es kommt die Zeit, in der die Völker sich versöhnen
560,3 Es kommt die Zeit, da wird der Erdkreis sich neu ergrünen
573,1 Er will uns zur Hilfe kommen
er kommt nicht nur zu den Frommen
576,1 Ein kleines Kind, du großer Gott, kommt in dein Haus
578,1 ich komm mit Schuld und Schaden
586,1 Herr, der du einst gekommen bist
586,2 Komm, führe unsre stolze Art in deine Demut ein
589,1 Komm, bau ein Haus
590,1–3 Herr, wir bitten: Komm und segne uns (Kehrvers)
593,1 Licht, das in die Welt gekommen
593,5 Komm, erquick auch unsre Seelen
602,1 ich komm zu dir und will dir folgen
602,2 ich komm zu dir, um zu erkennen
602,3 ich komm zu dir mit meiner Schuld
602,4 ich komm zu dir, um satt zu werden
602,5 ich komm zu dir, du läßt mich ein
602,6 ich komm zu dir, du wirst mich führen
603,1 Wo kommt das viele Geld her
604,3 dann kommen sie durch die Gefahren
618,2 und du gebietest ihm, kommst nie zu spät
639,1 kommst Du als Mensch in unsre Zeit
640,1 dein Reich komme, Gott
642,1 für alle, die nach uns kommen
645,1 Der Abend kommt, die Sonne sich verdecket
648,7 von dannen es gekommen

Kommen
578,8 das im Kommen ist

Korn
546,3 das kleinste Korn in Sturm und Wind
546,4 Das kleinste Korn, es wird zum Brot

Kost
648,3 Der Weinstock gibt die süße Kost

kosten
545,2 kosten von einem so bittern Kelch

Kraft
571,6 gib uns Kraft
571,7 das noch in Kraft besteht
576,2 Es braucht die Kraft, du großer Gott
590 Rühr uns an mit deiner Kraft
597,1 um Kraft und Licht sie zu dir flehet
597,2 mir Mut und Kraft mit Huld gewährest
634,2 Gebrauche deine Kraft
645,10 mein Beistand, Kraft und Wonne
647,1 gib uns Weisheit, Kraft und Stärk
648,5 des Lebens Glanz und Kraft zerfällt
649,2 Du gibst die Kraft und auch die Liebe

Kranke
552,4 Einer machte die Kranken gesund
588,3 Tragt zu den Kranken ein Licht

Kreatur
560,1+4 und Gerechtigkeit die Kreatur erlöst

Kreis
589,1 wo keiner sie in Kreise sperrt
589,2 wo keiner ihre Kreise stört
589,3 von Kreisen, die ihr Leben zog
589,4 weil unser Leben Kreise zieht
621,1 er zieht doch weite Kreise
621,3 in deinem Leben Kreise ziehn

Kreuz
545,3 unter dem Kreuze zu stehen
578,3 das du am Kreuz geopfert hast
645,10 im Kampf und Kreuz mein Beistand
647,2 daß Kreuz, Elend und Verdruß uns zum Besten dienen muß
648,4 für deine Kreuzesstunden

Krieg
552,3 Viele kennen nur Waffen und Krieg
577,2 Kampf und Krieg zerreißt die Welt
613,3 Tausende zerstampft der Krieg

Krippe
539,3 ein schönes Kind liegt dort in der Krippe
540 Aus tausend Traurigkeiten gehn wir zur Krippe still
542,1 führ uns zur Krippe hin

kritisch
585,3 wenn ich kritisch fragen sollte

krönen
650,5 und himmlisch seine Sieger krönt

kühn
553,2 auf Jesu Namen kühn und frei

künden
536,4 Singt von Liebe in der Welt, laßt von ihr uns künden

künftig
648,8 um künftig Frucht zu sehen

kurz
584,1 meine kurze Sicht bringe ich vor dich

lachen

547,4 Der Troß auf hohem Rosse lacht
638,3 der meine Tränen trocknet, daß ich lache
644,1 die liebe Sonne leucht' und lacht
646,1 Ich hab gespielt, ich hab gelacht

lähmen

584,2 was mich beugt und lähmt

Lämmlein

539,6 So gehet und nehmet ein Lämmlein vom Gras

Lahme

633,2 Flügel den Lahmen
637,3 Alle Lahmen stehen auf
637,4 Augen sehen, Lahme gehen

Land

547,2 Das ganze Land zum Paradiese
547,3 nun schallt der Himmel, blüht das Land
556,3 Zu jeder Zeit in jedem Land
574,1 das Land der Verheißung
593,3 und kein Land so fern und öde
616,1 führt der Weg durch weites Land
639,2 gehst Du als Bruder durch das Land
647,1 Ohne deine Segenshand ist verloren Stand und Land
648,9 Indes, wie über Land und Meer der Störche Zug

Landmann

648,8 Doch wie der Landmann seine Saat ausstreuet

lang

536,1 lang wird's nicht mehr dauern
539,1 Wie glänzen die Sternlein je länger je mehr
544,1 Der Weg ist so lang. Der Weg ist so weit
Wir wandern schon lange im Strome
589,2 laß sie dort lange spielen
589,3 laß sie dort lange tanzen
598,8 schrieb auf sein Buch, wie lang ich leben sollte
604,1–4 in langen Ketten ziehen wir (Kehrvers)
in langen Ketten tanzen wir
in langen Ketten schwimmen wir

Last

536,2 Welche Last aus auch befällt: Christus hilft sie tragen
599,1 Selig seid ihr, wenn ihr Lasten tragt
626,1 Jesus löst die Fesseln auf, nimmt die Last der Sünde weg
626,2 Jesus trägt für alle Zeit unsre Last und unser Leid

lassen

538,3 Laßt hören euer Stimmen viel
568 Preisen laßt uns Gott, den Herrn
582,1 Laßt uns Brot brechen und Gott dankbar sein
582,2 trinkt, und laßt uns dankbar sein
582,3 Laßt uns Gott loben und ihm dankbar sein
603,3 Laßt ihr mich nicht hier bei euch stehn
607 laßt uns miteinander, singen, loben
Laßt uns dies gemeinsam tun
642,1 laßt uns sie gut bewahren mit allen

642,2 laßt uns jetzt widerstehen mit allen
642,3 laßt uns den Herren bitten, mit allen
648,1 laßt hinauf zum ewgen Licht des Herzens Opfer steigen

Laub
648,7 Es fällt der höchsten Bäume Laub

Lauf
593,2 einen allgewaltgen Lauf
627,3 nimmt Gottes Reich seinen Lauf

laufen
593,4 laufe deinen Heldenpfad
645,3 daß ich in dich von allem andern lauf

lauten
538,7 Das Saitenspiel muß lauten wohl

Laute
538,2 bringt Lauten, Harfen, Geigen mit

laut
547,4 schreit lauter Hosianna
616,1 Laut und fröhlich klingt das Lied

lauter
571,3 Du Wort der Wahrheit, lautrer Quell

leben
546,1 Wer leben will wie Gott auf dieser Erde
546,3 muß sterben, um zu leben
575,2 Sie leben alle davon
579,4 wir leben füreinander
598,8 schrieb auf sein Buch, wie lang ich leben sollte
612,1 gefangen in deiner Angst, mit der du lebst
612,2 getragen von seinem Wort, von dem du lebst
612,3 gesandt in den neuen Tag, für den du lebst
614,2 heute die Wahrheit zu leben
615 kehret um, und ihr werdet leben
623,1 Du bist da, wo Menschen leben
634,1 Geliehen ist der Stern, auf dem wir leben
638,1 der aus der Tiefe mich holt, damit ich lebe
639,3 lebst Du die Liebe bis zum Tod
642,1–3 mit allen, die heute leben
644,1 und läßt uns fröhlich leben
644,3 ihm Dank und Lob zu leben
646,4 daß ich das Glück, von dem ich leb
648,9 an deiner Sonne leben
650,3 Des Frommen Seele lebt bei Gott
650,4 entschlummertest und lebtest noch
652 Wer an mich glaubt, der wird leben

Leben
543 wen du ins Buch des Lebens schreibst
544,3 Wir suchen das Leben
546,5 für dich und mich das Leben selbst geworden
552,1–4 Einer ist unser Leben (Kehrvers)
552,5 vor uns her in den Tod und das Leben
555,1–2 Unser Leben sei ein Fest
558,1–3 dir gehört unser Leben

559,1 daß das Leben weitergeht
559,2 wie das Leben zu bestehn
574,4 von den Wundern des Lebens
575,1 Gott selber gab das Leben
578,3 nimmst mir mein dunkles Leben
579,1 im Tod ist das Leben
579,2 So gab der Herr sein Leben
580,4 ich schenke dir mein Leben
581 vor unserm Tod Leben wird sein
583,2 das Brot des Lebens, für euch gebrochen
589,3 von Kreisen, die ihr Leben zog
589,4 weil unser Leben Kreise zieht
597,2 wird ihnen Licht und Leben geben
597,4 so gibst du Leben
601,1 Wir stehn im Echo der Botschaft vom Leben
602,3 Ich bin das Leben
608,2 Leben ist uns auch von Gott geschenkt
613,2 Daß das Leben nicht verging
613,3 Doch des Lebens Blütensieg
613,4 wie das Leben siegt
616,1 das sich durch mein Leben zieht
616,2 der, des' Tod und Leben meiner Angst und Sorge galt
620,2 macht das Leben neu
621,3 denn seine Liebe kann in deinem Leben Kreise ziehn
623 du bist da, wo Leben ist
632,5 der Tod, den wir sterben, vom Leben singt
640,1 Leben in Wahrheit und Recht
643 können nur zusammen das Leben bestehn
648,5 des Lebens Glanz und Kraft zerfällt
648,6 wenn nun des Lebens rauher Sturm
649,3 Du gibst uns Mut zu neuem Leben
651,1 Wir sind mitten im Leben zum Sterben bestimmt
652 Ich bin die Auferstehung und das Leben

Lebendigkeit

625,1 in dir wohnt die Lebendigkeit

lebendig

629,3 Als Zeichen der Hoffnung ist Jesus lebendig
631 wolln wir hüten, was lebendig ist

Lebenslauf

575,5 In Jesu Christi Namen beginnt sein Lebenslauf

Lebenslicht

557,1-3 Licht der Liebe, Lebenslicht

Lebenstag

644,2 dem Lebenstage schenken

Lebensglück

639,4 schenkst Du uns Lebensglück und Brot

leer

547,1 Der läßt die Reichen leer ausgehen

Legende

604,1 Kennt ihr die Legende von Christophorus
604,4 Wie in der Legende von Christophorus

lehren

552,3 einer lehrt uns dem Feind zu verzeihn
601,3 das Lied, das Maria uns lehrte

leicht
586,4 die sich so leicht entzweit
613,3 des Lebens Blütensieg leicht im Winde weht
645,3 die noch so leicht aus Schwachheit

Leid
545,4 Wo Leiden und Ohnmacht in unsrer Welt
590,1 mitten in dem Leid
590,3 In das Leid der Welt
599,3 Selig seid ihr, wenn ihr Leiden merkt
626,2 unsre Last und unser Leid
632,5 Wenn das Leid, das wir tragen
639,1 Weg durch Leid und Armut
640,3 Wege durch Leid und Entbehrung
646,3 Du, Herr, kennst auch das Leid

leid
645,5 Es ist mir leid

leiden
545,1 in leidender Liebe Zeiten
571,5 der für uns litt und starb
650,5 Er litt viel mehr, der uns versöhnt

Leidensbahn
586,5 Drum leit auf deiner Leidensbahn

leihen
559,3 Welcher Engel leiht uns Flügel
634,1 Geliehen ist der Stern

leise
621,1 ganz heimlich still und leise

leisten
647,3 deine Hand leist uns Hilfe und Beistand

leiten
554,1–3 Gott will selber bei ihm sein und es leiten (Kehrvers)
586,5 Drum leit auf deiner Leidensbahn

lernen
574,1 daß es sehen lernt mit seinen eigenen Augen
574,2 daß es hören lernt mit seinen eigenen Ohren
574,3 daß es greifen lernt mit seinen eigenen Händen
574,4 daß es reden lernt mit seinen eigenen Lippen
574,5 daß es gehen lernt auf seinen eigenen Füßen
daß es lieben lernt mit seinem ganzen Herzen
599,2 Selig seid ihr, wenn ihr lieben lernt

lesen
617,3 und sonst nichts zu lesen

leuchten
542,1 leuchte du uns voran
554,3 das nicht verzehrt, doch leuchtet
644,1 die liebe Sonne leucht' und lacht

Leute
603,2 Die Leute haben dich nicht lieb
643 Viele kleine Leute an vielen kleinen Orten

letzte
586,3 Der du noch in der letzten Nacht

586,4 daß deine letzte Sorge war
647,3 Hilf uns, Herr, in letzten Zügen
649,7 dein bittrer Tod stärk uns in unsrer letzten Not

Letzte
562,3 der der Erst' und Letzte ist

licht
616,3 Auf der Spur des Hirten wird das Ziel des Weges licht
646,2 der lichte See

Licht
536,1 Seht, das erste Licht schon brennt
539,4 man sieht ja kein Lichtlein, so um und um brinnt's
552,1–5 Licht auf unseren Wegen (Kehrvers)
552,5 einer ging wie ein Licht vor uns her
553,4 damit das Licht, das dir geschah
557,1 Ein Licht geht uns auf in der Dunkelheit
Licht der Liebe, Lebenslicht
557,2 Ein Licht weist den Weg
557,3 Ein Licht macht uns froh
562,1 gib uns Licht
571,2 wir sehnen uns nach deinem Licht
572 Gottes Wort ist wie Licht in der Nacht,
576,3 Es braucht das Licht, du großer Gott
582,1–3 hebe den Blick in des Lichtes Schein (Kehrvers)
588,1 Tragt in die Welt nun ein Licht seht auf des Lichtes Schein
588,2 Tragt zu den Alten ein Licht
588,3 Tragt zu den Kranken ein Licht
588,4 Tragt zu den Kindern ein Licht
590,3 und nicht eher ruhn, bis wir dich im Lichte sehn
593,1 Licht, das in die Welt gekommen
597,1 du gibst der Seel, was ihr gebricht; um Kraft und Licht
597,2 Was deines Mundes Wort verspricht, wird ihnen Licht
598,2 Licht ist sein Kleid und seine Wahl das Beste
621,2 da wird die Welt vom Licht erhellt, da bleibt nichts, was uns trennt
627,1 sein Wort ist das Licht in unserer Nacht
640,2 Dein Reich des Lichts und der Liebe lebt
644,2 Wir wolln uns wie das liebe Licht
645, Im Finstern sei des Geistes Licht und Sonne
648,1 laßt hinauf zum ewgen Licht des Herzens Opfer steigen

Lichtweg
578,6 du gibst mir die Gemeine zum Lichtweg

lieb
537,1 schicket seinen lieben Sohn auf Erden
537,2 seinen lieben Sohn gesandt von oben
537,3 Schaut die lieben Engel an
624,1–3 Lieber Gott, ich danke dir
644,1 die liebe Sonne leucht' und lacht
644,2 Wir wolln uns wie das liebe Licht

Liebe
536,4 Singt von Liebe in der Welt dort

536,5 Hell strahlt seiner Liebe Glanz über Raum und Zeiten
537,2 Loben wir mit Lieb und Dank
545,1 Wir gehn hinauf nach Jerusalem in leidender Liebe Zeiten
557,1–3 Licht der Liebe, Lebenslicht
561 die Liebe Gottes und die Gemeinschaft des heilgen Geistes
564 schenk uns deine Liebe, Herr
574,2 auf die Sprache der Liebe und das Wort der Verheißung
577,3 kannst der Macht der Liebe trauen
579,4 wir leben füreinander, und nur die Liebe zählt
580,3 und nun führ mich die Bahn, deine Liebe zu verkünden
586,3 den Deinen von der Liebe Macht so treu gezeuget hast
590,3 hast du uns gestellt, deine Liebe zu bezeugen
604,4 wird aus den toten Stecken die Liebe Blüten wecken
610,1–4 Herr, deine Liebe ist wie Gras und Ufer
610,4 so weit, wie deine Liebe uns ergreift
613 ist das nicht ein Fingerzeig, daß die Liebe bleibt
614,2 Gib uns den Mut, voll Liebe, Herr, heute die Wahrheit zu leben
617,1 Ich bete an die Macht der Liebe
617,2 Ehr sei dem hohen Jesusnamen, in dem der Liebe Quell entspringt
618,2 Ich preise dich für deiner Liebe Macht
620,1–4 Gottes Liebe ist wie die Sonne, sie ist immer und überall da (Kehrvers)
620,4 Denn der Herr dieser Liebe, Christus Jesus, ist treu
621,1 Wo Gottes große Liebe in einen Menschen fällt
621,2 Wo Gottes große Liebe in einem Menschen brennt
621,3 Nimm Gottes Liebe an
denn seine Liebe kann in deinem Leben Kreise ziehn
gehst du hinaus, teilst Liebe aus
623,3 du bist da, wo Liebe ist
627,1–3 Wo die Liebe wohnt, da wohnt auch Gott (Kehrvers)
627,1 Christi Liebe hat uns zusammengebracht
627,3 daß seine Liebe uns trägt
629,1 Liebe ist nicht nur ein Wort, Liebe, das sind Worte und Taten
Als Zeichen der Liebe ist Jesus geboren, als Zeichen der Liebe für diese Welt
632,1 dann schauen wir heut schon sein Angesicht in der Liebe
633,1 Liebe uns allen, weil wir sie brauchen
639,3 lebst Du die Liebe bis zum Tod
640,2 Dein Reich des Lichts und der Liebe lebt
646,4 Die Liebe darf nicht ruhn
648,2 laß uns gleichen Fleiß an deiner Liebe Ruhm und Preis
649,2 Du gibst die Kraft und auch die Liebe

lieben

552,3 und die Menschen zu lieben
574 daß es lieben lernt
599,2 wenn ihr lieben lernt
606,3 Daß ich lieben darf und mich freuen

617,1 wodurch auch ich geliebet ward
623,3 wo Menschen lieben, du bist da
645,6 zu lieben inniglich, im stillen Grund
651,2 dem Herrn, der uns liebt

liebhaben
575,4 wie lieb Gott alle hat
588,1–4 Gott hat uns lieb
603,2 Die Leute haben dich nicht lieb

lindern
632,2 die Not, die wir lindern

lieb
537,1 schicket seinen lieben Sohn auf Erden
537,2 und seinen lieben Sohn gesandt von oben
537,3 Schaut die lieben Engel an und tut

lieblich
538,5 Die Stimmen müssen lieblich gehn

Lied
537,3 singt mit ihn' das schöne Lied
577,1 wessen Lieder wirst du singen
598,1 Gott ist mein Lied
601,3 Laß doch das Lied, das Maria uns lehrte
616,1 Laut und fröhlich klingt das Lied
632,1 das wir sprechen, als Lied erklingt
632,2 Wenn das Lied jedes Armen uns Christus zeigt
633 Lieder den Stummen
638,1–3 bis das Lied zum Himmel steigt (Kehrvers)
648,1 der Wald verbleicht, der Vöglein Lieder schweigen

liegen
539,3 ein schönes Kind liegt dort in der Krippe
618,2 dein Plan ist fertig schon und liegt bereit
650,2 er liegt, er schläft, verwest

links, (die) Linke
622,1 eine Handbreit rechts und links
597,4 Die Linke hält der Feinde Schwarm

Lippe
574,4 mit seinen eigenen Lippen

Lob
580,1–4 Lob sei dir und Ehre (Kehrvers)
598,9 dein Lob in meinem Munde sein
601,1 Gottes Lob wandert
644,3 ihm Dank und Lob zu leben
647,3 ewig Lob und Ehre singen

loben
537,1 lobet Gott, das höchste Gut
537,2 Kinder, singet alle gleich, lobet Gott vom Himmelreich
daß wir ihn auf Erden sollen loben
Loben wir mit Lieb und Dank
558,1–3 wir loben dich
562,3 Lobet all' den Namen unsers Herren Jesu Christ
569 O Herr, wir loben dich
582,3 Laßt uns Gott loben und ihm dankbar sein
607 laßt uns miteinander, singen, loben, danken dem Herrn
624,2 und ich lobe dich, lieber Gott

627,2 Darum loben wir Gott, der uns alle vereint
638,1 Ich lobe meinen Gott, der aus der Tiefe mich holt
Ich lobe meinen Gott, der mir die Fesseln löst
638,2 Ich lobe meinen Gott, der mir den neuen Weg weist
Ich lobe meinen Gott, der mir mein Schweigen bricht
638,3 Ich lobe meinen Gott, der meine Tränen trocknet
Ich lobe meinen Gott, der meine Angst vertreibt

Loblied
597,1 dir will ich mein Loblied singen

lobsingen
605 Danket dem Herrn und lobsingt seinem Namen

locken
604,4 die locken uns durch die Gefahren

Lohn
593,5 daß wir dich zum Lohn erwählen
650,5 o Lohn für wenig Pein

lösen
638,1 Gott, der mir die Fesseln löst

Los
546,2 er trägt das Los

Luft
560,3 neu ergrünen mit Wasser, Luft, Feuer

Lust
648,5 so endet alle Lust der Welt

machen
537,1 der uns selig macht und führt aus Tod und Höll
539,6 daß ihr dem Kindlein kein Unruh nicht macht
542,4 und was froh gemacht
547,1 Macht euch gefaßt auf Unerhörtes
das arme Volk, das macht er satt
552,4 Einer machte die Kranken gesund
557,3 Ein Licht macht uns froh
564 Im Frieden mach uns eins
571,3 mach unsre dunklen Augen hell
578,7 O mach mich doch bereiter zu deinem Volk und Mahl
592 du Gott machst mir Mut
593,5 mach die Augen hell und klar
599,4 Selig seid ihr, wenn ihr Frieden macht
610,2 Freiheit, aus der man etwas machen kann
618,1 das macht die Seele still und friedevoll
620,2 Sie kann dich verändern, macht das Leben neu
627,1 macht Bruder und Schwester zu Gottes Kind
630,1–3 der aus Wüsten Gärten macht
639,2 und machst die Menschlichkeit bekannt
650,6 und machen zu der Ewigkeit mit Freud und Zittern uns bereit

Macht
536,4 wo auf Macht , Besitz und Geld alle sich verlassen
536,5 Keine Macht von Ihm uns trennt
547,4 heut ist die Hoffnung an der Macht

553,1 Sein ist die Herrlichkeit, die Macht, und Hilfe
577,2 Dabei zählen Macht und Geld
577,3 kannst der Macht der Liebe trauen
586,3 den Deinen von der Liebe Macht so treu gezeuget hast
617,1 Ich bete an die Macht der Liebe
618,2 Ich preise dich für deiner Liebe Macht

Mahl
578,7 zu deinem Volk und Mahl

Magd
537,1 Eine Magd gebar uns Gott

Majestät
597,3 wie seines Namens Majestät
645,7 mein Geist vor dir, o Majestät sich beuget

Mandelzweig
613,1 Freunde, daß der Mandelzweig wieder blüht und treibt
613,4 Freunde, daß der Mandelzweig sich in Blüten wiegt

Mann
603,1-4 Zachäus, böser reicher Mann
633 Sanftmut den Männern

Maria
538,1 Von Jesu singt und Maria
601,1 Einst sang Maria, sie jubelte Antwort
601,2 was damals Maria gesungen
601,3 Laß doch das Lied, das Maria uns lehrte

Maschine
574,3 nach Maschinen und Plänen

Matte
648,5 Reif entfärbt die Matten

Mauer
610,3 Und dennoch sind da Mauern
628,2 und über hohe Mauern gehn
637,4 Alle Mauern tot und hart werden weich

Meer
598,3 ein Meer von Seligkeiten
598,4 Erd und Meere, das kennet Gott
598,6 ob du ans Meer, ob du gen Himmel flöhest
617,1 ins Meer der Liebe mich versenken
648,9 wie über Land und Meer der Störche Zug

Mensch
536,2 Singt von Hoffnung für die Welt dort, wo Menschen zagen
536,3 Singt von Frieden in der Welt dort, wo Menschen streiten
536,4 Singt von Liebe in der Welt dort, wo Menschen hassen
538,8 Singt Fried den Menschen weit und breit
546,4 Die Menschen müssen füreinander sterben
552,3 einer lehrt uns dem Feind zu verzeihn und die Menschen zu lieben
552,4 Viele Menschen sind blind oder stumm
554,3 wo ein Mensch den andern finden kann
556,3 Die Menschen hören, was Gott will, und können sich verstehn
560,1 Dann gehen Gott und die Menschen Hand in Hand

560,3 wenn der Menschen Geist des Schöpfers Plan bewahrt
573,2 Er hat allen Glanz verlassen, der ihn von den Menschen trennt
573,3 lobt den Herrn, er hat seine Menschen gern
574,1 von den Fragen der Menschen
578,5 Wie steigst du tief hernieder, gehst in uns Menschen ein
579,3 o läßt er sich verzehren von aller Menschennot
579,4 Als Brot für viele Menschen hat uns der Herr erwählt
587,6 Er ist kein Mensch, daß er versagt
601,3 Wunder der Wunder: Für uns wirst du Mensch, Herr
604,3 wenn wir die stolzen Rücken für Menschenkinder bücken
610,3 Und dennoch sind da Mauern zwischen Menschen
610,4 sie gilt für Menschen, Völker, Rassen
614,4 Gib uns Mut, voll Glauben, Herr, mit dir zu Menschen zu werden
621,1 Wo Gottes große Liebe in einen Menschen fällt
621,2 Wo Gottes große Liebe in einem Menschen brennt
623,1 Du bist da, wo Menschen leben
623,2 Du bist da, wo Menschen hoffen
623,3 Du bist da, wo Menschen lieben
624,1 daß du bei mir bist, daß du alle Menschen liebst
627,1 weckt Hoffnung, wo Menschen verzweifelt sind
630,1 Wo ein Mensch Vertrauen gibt
630,2 Wo ein Mensch den andern sieht
630,3 Wo ein Mensch sich selbst verschenkt
631,4 Denn der in Jesus Christ ein Mensch geworden ist
637,2 Alle Menschen auf der Welt fangen an zu teilen
637,3 Menschen teilen, Wunden heilen
638 die Menschen werden singen, bis das Lied zum Himmel steigt (Kehrvers)
Ehre sei Gott und den Menschen Frieden
639,1 kommst Du als Mensch in unsre Zeit
639,4 Du willst damit den Menschen helfen
639,5 Du formst den Menschen Dir zum Bilde
644,3 Das ist, du Mensch, deins Lebens Sinn
646,4 an andre Menschen weitergeb
648,7 Ach Mensch, sei noch so hoch und wert

Menschenkind
604,3 wenn wir die stolzen Rücken für Menschenkinder bücken

Menschennot
579,3 so läßt er sich verzehren von aller Menschennot

Menschlichkeit
639,2 machst die Menschlichkeit bekannt

merken
599,3 Selig seid ihr, wenn ihr Leiden merkt
645,1 O meine Seel, merk auf

mild
578,4 wie neigst du dich so mild

mischen
648,7 mischt sich wieder mit dem Staub

Missetat
650,3 aus aller ihrer Missetat durch seinen Sohn erlöset hat

Mitte
555,1 Jesu Geist in unserer Mitte
587,8 Gottes Sohn, ist selbst in eurer Mitten

mitten
563 da bin ich mitten unter ihnen
590,1 mitten in dem Leid
604,1–4 ziehen mit Christophorus mitten durch den Fluß (Kehrvers)
622,1 Du bist mitten drinnen
627,3 Mitten unter uns nimmt Gottes Reich seinen Lauf
651,1 Wir sind mitten im Leben zum Sterben bestimmt

Mitternacht
539,1 es geht erst um Mitternacht rum

mögen, möchte
554,1 er möge euch einen Helfer
554,3 Möchte es auch uns geschehn
617,3 Möcht deine süße Jesuliebe
628,2 Ich möchte gern dort Brücken bauen
Ich möchte hinter Zäune schauen
628,3 Ich möchte gern dort Hände reichen
628,4 Ich möchte nicht zum Mond gelangen
Ich möchte keinen Streit anfangen

Mond
619,3 Er hält die Sonne und den Mond in seiner Hand
628,4 Ich möchte nicht zum Mond gelangen

Morgen
555,1-2 Unser Leben sei ein Fest an diesem Morgen
611,1 Sei unverzagt, bald der Morgen tagt

Morgengrauen
553,1 stand auf im Morgengrauen

Morgenstern
571,1 Nun geh uns auf, du Morgenstern
593,1 Morgenstern, aus Gott entglommen

Most
648,3 aus voller Kelter fließt der Most

müde
645, 8 Mein müder Geist im Herren ruhen will
646,1 Die Sonne hat mich müd gemacht

mühen
618,1 daß ich mich sorgend müh
621,3 Du brauchst dich nicht allein zu mühn

Mühe
578,2 schufen dir allzu bittre Müh und Qual

mühsam
574,5 auf den mühsamen Treppen

Mund
537,2 preisen ihn von Herzensgrund mit gleichem Mund
547,2 es hofft das Herz, es schreit der Mund
587,7 der Stummen Mund und Beter
597,2 Was deines Mundes Wort verspricht
598,9 dein Lob in meinem Munde sein

munter
589,1 laß sie dort munter spielen

Musik
538,4 Hier muß die Musik himmlisch sein

Mut
577,2 Mut und Freiheit, das sind Gaben
592 du Gott machst mir Mut
597,2 mir Mut und Kraft mit Huld gewährest
614,1–4 Gib uns den Mut
628,1 Herr, gib mir Mut zum Brükkenbauen
633 Mut den Gejagten
649,3 Du gibst uns Mut zu neuem Leben

Mutter
574,1 das Gesicht seiner Mutter

Nacht
538,5 Tag und Nacht nicht stille stehn
542,2 Stern über Bethlehem, in dieser Nacht
553,1 Besiegt hat Jesus Tod und Nacht
557,1 durchbricht die Nacht und erhellt die Zeit
572,1 Gottes Wort ist wie Licht in der Nacht
583,1 Dies ist die Nacht des großen Festmahls
586,3 Der du noch in der letzten Nacht
590,1 In die Nacht der Welt hast du uns gestellt
593,1 treib hinweg die alte Nacht
627,1 sein Wort ist das Licht in unserer Nacht
637,1 Alle Nächte werden hell
644,1 Nun ist vorbei die finstre Nacht
646,5 Gib eine gute Nacht
648,6 der Wandrer eilt, um noch vor Nacht zu flüchten
650,2 erwacht dereinst aus dieses Todes Nacht

nähren
546,4 und einer nährt den andern

nah
553,4 bleib uns nah
573,1 er ist uns täglich nah
598,6 Er ist dir nah
637,2 alle Wunden nah und fern fangen an
641 Friede mit den Nahen

nahen
578,7 drauf du uns nahst im finstern Tal
648,8 eh der Winter naht

Name

536,3 wenn in seinem Namen wir Friedensstifter werden
553,2 Wo sich berufen zwei und drei auf Jesu Namen kühn und frei
562,3 Lobet all' den Namen unsers Herren Jesu Christ
563 Wo zwei oder drei in meinem Namen versammelt sind
574,2 auf den Klang seines Namens
575,5 In Jesu Christi Namen beginnt sein Lebenslauf
577,3 Taufen dich in Jesu Namen
597,1 Den Namen dein an allem Ort, Herr
597,3 wie seines Namens Majestät sei hoch erhöht zu ihrem Segen
598,9 Herr, immerdar soll deines Namens Ehre
605 Danket dem Herrn und lobsingt seinem Namen
614,1 Laß uns in deinem Namen, Herr, die nötigen Schritte tun
617,3 O Jesu, daß dein Name bliebe im Grunde tief gedrücket ein
625,1 Du bist, wie du bist: Schön sind deine Namen
631 In Gottes Namen wolln wir finden, was verloren ist
Gottes Namen wolln wir suchen
in Gottes Namen wolln wir stärken
in Gottes Namen wolln wir hüten
wie eine Quelle in Gottes Namen

Nebel

648,5 die Nebel kalt darüber wehn

nehmen

539,6 So gehet und nehmet ein Lämmlein vom Gras
552,2 einer nahm sich der Wehrlosen an
579,2 Wer dieses Brot genommen
582,2 Nehmt den Kelch, trinkt
583,2 Nehmt und werdet satt
583,3 Nehmt hin und trinkt
585,4 dann nehm ich alles an
587,2 nehmt ihn auf eure Hände
587,3 Nehmt ihn getrost bei seinem Wort
608,1–4 Alles nehmen wir aus seiner Hand
648,7 davon bist du genommen

neigen

553,4 Wird unser Tag sich neigen

neu, Neues

537,2 singen einen neuen Gesang dem Herren
537,3 und neuem Fried mit Schallen
553,3 Zu seiner Kirche kommt er neu im Wort und in den Zeichen
560,3 da wird der Erdkreis sich neu ergrünen
602,3 Du bist das neue Leben
611,1 ein neuer Frühling folgt dem Winter nach
612,3 gesandt in den neuen Tag, für den du lebst
620,2 Sie kann dich verändern, macht das Leben neu
634,2 Denn wer was Neues schafft
638,2 Ich lobe meinen Gott, der mir den neuen Weg weist
639,3 Du zeigst den neuen Weg des Friedens
649,3 Du gibst uns Mut zu neuem Leben

Nest

645,2 das Vöglein fliegt zu seinem Neste

niederlegen
645,2 Der Wandersmann legt sich ermüdet nieder

niedersehen
597,3 siehet doch auf Kleine nieder

Niedrige
601,1 Der Hohe schaut die Niedrige an

nimmermehr
652 der wird nimmermehr sterben

nirgend
645,1 sonst nirgend findst du Ruh

nötig
577,2 die wir bitter nötig haben
614,1–4 die nötigen Schritte tun
646,4 Laß mich das Nöt'ge tun

Not
537,2 unsre Not hat er erkannt
545,3 zu spüren, wie unsere Not vergeht
572 es gibt Halt in Bedrängnis, Not und Ängsten
587,1 Die Welt vergeht in Nöten
597,2 Rief ich in meiner Not zu dir, so halfst du mir
597,4 Wenn mir, von Angst und Not umringt, das Herz entsinkt
611,1 in aller Not wird er dich beschirmen, der treue Gott
611,2 größer als der Helfer ist die Not ja nicht
Retter in Not, rett auch unsre Seele
632,2 die Not, die wir lindern, zur Freude wird
647,2 Hilf uns Herr, in allen Nöten
650,3 der sie aus aller ihrer Not, aus aller ihrer Missetat
650,7 dein bittrer Tod stärk uns in unsrer letzten Not

oben
537,2 seinen lieben Sohn gesandt von oben
622,3 Weißt du, wo der Himmel ist, nicht so hoch da oben

obsiegen
647,3 laß im Glauben uns obsiegen

öde
593,3 kein Land so fern und öde
648,5 Denn wie die Felder öde stehn

öffnen
559,3 Welcher Engel öffnet Ohren
625,2 Wir öffnen uns vor dir

offen
573,3 Halte deine Türen offen
610,2 die auch offen ist für Träume
634,2 Gott hält sie offen

offenbaren
586,2 Nur wo sich Demut offenbart
597,4 wirst du dich bald offenbaren
598,4 sind ewig vor ihm offenbar
617,1 die sich in Jesus offenbart

Ohnmacht
545,4 Wo Leiden und Ohnmacht in unsrer Welt
584,2 Meine ganze Ohnmacht, was mich beugt und lähmt

Ohren
559,3 Welcher Engel öffnet Ohren
574,2 mit seinen eigenen Ohren

opfern
578,3 das du am Kreuz geopfert hast

Opfer
545,3 das Opfer der Welt zu sehen
597,1 dir zum Ruhm mein Opfer bringen
648,1 zum ewgen Licht des Herzens Opfer steigen

Orgel
538,2 mit Orgel- und mit Saitenspiel
538,6 Sehr süß muß sein der Orgel Klang

Ort
557,3 An jedem Ort wird es bei uns sein
597,1 Den Namen dein an allem Ort
643 Viele kleine Leute an vielen kleinen Orten

Ostern
556,1 Zu Ostern in Jerusalem

Palmenzweig
547,4 das Volk, die Palmenzweige schwingend

Paradies
547,2 Das ganze Land zum Paradiese
648,9 zu deinem Paradiese ziehn

passen
550.1 Das könnte den Herren der Welt ja so passen

Pein
650,5 o Lohn für wenig Pein

Pfad
578,1 Aus ungewissen Pfaden rief mich dein Wort heraus

Pfand
571,1 du Pfand des Heils

pfeifen
538,1 kommt, pfeift und trombt

Pfingsten
556,2 Zu Pfingsten in Jerusalem

pflanzen
589,1–4 pflanz einen Baum, der Schatten wirft (Kehrvers)

Pilgerschaft
597,2 da du in meiner Pilgerschaft

Pilgrim
578,1 ein Pilgrim, in dein Königshaus

Plan
560,3 wenn der Menschen Geist des Schöpfers Plan bewahrt
574,3 nach Maschinen und Plänen
618,2 dein Plan ist fertig schon und liegt bereit

Platz
545,1 um uns einen Platz zu bereiten
551,1 nichts ist mehr am alten Platz

plötzlich
556,3 in jedem Land kann plötzlich was geschehn
585,2 dann kann ich's plötzlich nicht

prägen
617,3 in Herz und Sinn gepräget sein

Preis
538,8 Gott Preis und Ehr in Ewigkeit
648,2 an deiner Liebe Ruhm und Preis

preisen
536,5 Singet fröhlich im Advent, preiset Gottes Taten

537,2 preisen ihn von Herzensgrund
568 Preisen laßt uns Gott, den Herrn
578,4 Dein Gabe, Herr, ich preise
580,4 und ich preise dich, Herr
596 Lobt Gott und preiset ihn
609 Wir preisen Gott, den Herrn
618,2 Ich preise dich für deiner Liebe Macht

preisgeben
546,3 Der Sonne und dem Regen preisgegeben

priesterlich
587,1 Gott ruft dich, priesterliche Schar

Qual
578,2 schufen dir allzu bittre Müh und Qual
650,4 er duldete viel Schmerz und Qual

Quelle
571,3 Du Wort der Wahrheit, lautrer Quell
617,2 in dem der Liebe Quell entspringt
631 wie eine Quelle in Gottes Namen

Rat
598,7 allen Rat der Seele

rauh
648,6 wenn nun des Lebens rauher Sturm

Raum
536,5 Hell strahlt seiner Liebe Glanz über Raum und Zeiten
648,4 hat Dach und Raum gefunden

Rebe
648,3 laß deine Reben durch dein Blut

recht
602,1 Du bist der rechte Weg
648,3 Du, rechter Weinstock

Recht
585,1–4 Herr, hilf das Rechte sagen (Kehrvers)
640,1 Leben in Wahrheit und Recht

rechts
597,4 dein rechter Arm wird Freiheit geben
622,1 eine Handbreit rechts und links

reden
556,2 Die Jünger reden ohne Angst
574,4 daß es reden lernt mit seinen eigenen Lippen
585,1 Ich rede, wenn ich schweigen sollte
585,2 Ich schweige, wenn ich reden sollte
638,2 damit ich rede
645,7 Herr, rede du

Regen
546,3 Der Sonne und dem Regen preisgegeben
630,1–3 fällt ein Tropfen von dem Regen

regieren
550,3 die mit dem Tod uns regieren
586,5 weil dort nur mit regieren kann

Reiche
547,1 Der läßt die Reichen leer ausgehen

Reich
578,8 schaut die Zinnen des Reiches
627,3 Mitten unter uns nimmt Gottes Reich seinen Lauf
640,1-3 Dein Reich komme

reich
598,3 Unendlich reich, ein Meer von Seligkeiten
603,1u.2 Zachäus, böser reicher Mann

reichen
552,1 es reichte für alle
580,2 du reichst mir das Brot du reichst mir den Wein
627,2 wir reichen dem Gegner unsere Hand
628,3 Ich möchte gern dort Hände reichen

Reif
648,5 Reif entfärbt die Matten

Retter
558,2 Jesus Christ, unser Retter
601,1-3 daß er mein Retter ist
611,2 Ewige Treue, Retter in Not

Reueschmerz
571,4 füll das Herz uns an mit tiefem Reueschmerz

Richter
610,4 Herr, du bist Richter
650,1 bis ihn des Richters Stimme ruft

Rind
539,3 dort in der Krippe bei Esel und Rind

Ross
547,4 Der Troß auf hohem Rosse lacht

Rücken
604,1 trägt auf seinem Rücken
604,2 und trüg auf meinem Rücken
604,3 wenn wir die stolzen Rücken

Rüstung
634,3 Leg deine Rüstung ab

rufen
550,3 ruft jetzt alle zur Auferstehung
578,2 Zu Tisch läßt du mich rufen
583,1 Er ruft die vielen her
587,1 Gott ruft dich, priesterliche Schar
621,2 die ruft der Schein zusammen
650,1 bis ihn des Richters Stimme ruft

Rufen
587,2 auf euer Rufen ist's gestellt

Ruhe
645,1 und alles sich zur Ruh und Stille strecket
645,9 Dem Leib wirst du bald seine Ruhe geben
650,6 du Erlöser, schlaf in Ruh

ruhen
590,3 und nicht eher ruhn
598,5 daß ich sicher ruhe
645,8 Mein müder Geist im Herren ruhen will
646,4 Die Liebe darf nicht ruhn

Ruheplatz
645,3 mein Ruheplatz, mein' Heimat

Ruhm
597,1 Herr, dir zum Ruhm mein Opfer bringen
648,2 an deiner Liebe Ruhm und Preis

Saat
648,8 Doch wie der Landmann seine Saat ausstreuet
649,1 Du gibst die Saat und auch die Ernte
649,3 Es wächst die Saat zu deiner Ernte

Sabbatruh
645,10 bis ich erreich die volle Sabbatruh

sacht
539,6 Geht nur fein sacht

säen
650,1 Wir säen ihn, einst blüht er auf

sagen
541 die Freude sagt allen
553,2 sagt an zu allen Zeiten
559,1 Welcher Engel wird uns sagen
573,3 Wird dir nicht sein Wort gesagt
575,4 Wir werden ihm auch sagen
Wir sagen es mit Worten und sagen's mit der Tat
577,1 Welche Worte wirst du sagen
585,1-4 und wenn ich etwas sagen sollte
Herr, hilf das Rechte sagen
588,1-4 sagt ihnen: Fürchtet euch nicht
602,1 Du hast gesagt: „Ich bin der Weg"
602,2 Du hast gesagt: „Ich bin die Wahrheit"
602,3 Du hast gesagt: „Ich bin das Leben"
602,4 Du hast gesagt: „Ich bin das Brot"
602,5 Du hast gesagt: „Ich bin die Tür"
602,6 Du hast gesagt: „Ich bin der Hirte"
610,1 Frei sind wir, ja zu sagen oder nein
622,3 sag doch ja zu dir
634,3 Zum Ich gehört ein Du, um Wir zu sagen
646,1 Darum ich dankbar sag

Saitenspiel
538,3 mit Orgel- und mit Saitenspiel
538,7 Das Saitenspiel muß lauten wohl

sammeln
645,3 Ach, sammle selbst Begierden und Gedanken
648,4 So sammle dir zur Gnadenzeit

Sanftmut
633 Sanftmut den Männern

satt
547,1 das macht er satt
552,1 die andern sind satt in dieser Welt
583,2 Nehmt und werdet satt
602,4 ich komm zu dir, um satt zu werden

schaden
536,5 nichts kann uns mehr schaden

Schaden
578,1 ich komm mit Schuld und Schaden

schaffen
547,3 und bloßem Wort schafft er den Frieden
578,2 Stolz und Undank schufen dir
598,5 schafft, daß ich sicher ruhe
634,2 Denn wer was Neues schafft
642,1 Weil Gott die Welt geschaffen hat

Schall
537,3 und neuem Fried mit Schallen

Schar
586,4 Erinnre deine kleine Schar
587,1 Gott ruft dich, priesterliche Schar
601,2 Scharen von Schwestern und Brüdern
617,2 aus dem der Selgen Schar dort trinkt

Schatten
589,1–4 pflanz einen Baum, der Schatten wirft (Kehrvers)
648,5 schnell wachsen seine Schatten

schauen
537,2 Schaut die lieben Engel an
539,1 Schaut nur daher
578,8 Eilt her und schaut die Zinnen des Reiches
601,1 Der Hohe schaut die Niedrige an
603,2 armer reicher Mann, dich schaut ja keiner an
628,2 Ich möchte hinter Zäune schauen
632,1 dann schauen wir heut schon sein Angesicht
645,6 im stillen Grund, mein Gott, zu schauen dich

scheiden
620,3 Nichts kann uns von ihr scheiden

Schein
540 ohn deinen Schein in Finsternis wir alle sein
542,4 steht noch dein heller Schein
682,1–3 hebe den Blick in des Lichtes Schein
588,1–4 seht auf des Lichtes Schein
621,2 die ruft der Schein zusammen

scheinen
646,5 wenn er erwacht, die Sonne scheint

schenken
536,2 Christus wird sie schenken
559,2 Welcher Engel schenkt uns Augen
562,2 Schenk uns deinen Frieden alle Tag hienieden
564,1 schenk uns deine Liebe, Herr
579,2 So gab der Herr sein Leben, verschenkte sich wie Brot
580,4 und ich preise dich, Herr, und ich schenke dir mein Leben
590,2 wo man, wie ein Kind, deinem Wort Vertrauen schenkt
608,1 Alles, was wir sind, hat Gott geschenkt
608,2 Leben ist uns auch von Gott geschenkt
608,3 Hoffnung ist uns auch von Gott geschenkt
608,4 Was wir geben, hat uns Gott geschenkt
630,3 Wo ein Mensch sich selbst verschenkt
632,3 und das Kleid, das wir schenken
639,4 schenkst Du uns Lebensglück und Brot
641 Schenk uns, Herr, Shalom
644,2 so unbekümmert, warm und schlicht, dem Lebenstage schenken
644,3 Gott schenkt sich uns in dieser Welt
645,8 Mein Herz sich dir zum Abendopfer schenket

Scheu
553,3 und ohne Scheu ihn auch bekennst

schicken
537,1 schicket seinen lieben Sohn auf Erden
554,1 einen Helfer, einen Beistand schicken

schlafen
538,7 davon das Kindlein schlafen soll
650,6 Nun, du Erlöser, schlaf in Ruh

schlagen
610,2 wo Baum und Blume Wurzeln schlagen
618,1 daß ängstlich schlägt das Herz
627,3 immer sein Herz für uns schlägt

schlicht
644,2 warm und schlicht

schließen
587,5 den Bund mit euch geschlossen

Schmerz
634,2 und der Schmerz, den wir teilen
650,4 er duldete viel Schmerz und Qual

schmettern
648,6 uns will zu Boden schmettern

Schnee
574,1 den Schnee auf den Bergen

schön
537,3 singt mit ihn' das schöne Lied
539,3 ein schönes Kind liegt dort in der Krippe
539,6 und bringet dem schönen Christkindlein etwas
540 O klare Sonn, du schöner Stern
625,1 Schön sind deine Namen
646,1 Heut war ein schöner Tag
646,2 Wie schön ist diese Welt
648,1 Des Jahres schöner Schmuck entweicht

Schöpfer
560,3 wenn der Menschen Geist des Schöpfers Plan bewahrt

Schöpfung
578,5 Du heilst die Schöpfung wieder
639,5 vertraust Du uns die Schöpfung an
641 Friede mit der Schöpfung

Schoß
645,1 In Gottes Schoß, sonst nirgend findst du Ruh

schreiben
543 wen du ins Buch des Lebens schreibst
598,8 schrieb auf sein Buch

schreien
547,2 es schreit der Mund
547,4 schreit lauter Hosianna
613,2 soviel Blut auch schreit

Schritt
614,1–4 die nötigen Schritte tun
628,1 gib mir Mut zum ersten Schritt
643 die viele kleine Schritte tun

Schuld
578,1 ich komm mit Schuld und Schaden
583,3 der von Angst und Schuld befreit
602,3 ich komm zu dir mit meiner Schuld
634,4 Inmitten aller Schuld ist Gott am Werke

Schwache
587,7 Der Schwachen Bruder wird der Geist

Schwachheit
645,3 die noch so leicht aus Schwachheit von dir wanken

Schwalbe
648,9 der Schwalben Heer der Sonn entgegen streben

Schwarm
597,4 Die Linke hält der Feinde Schwarm

schweben
645,9 laß nicht den Geist zerstreuet in Unruh schweben

schweigen
585,1 Ich rede, wenn ich schweigen sollte
585,2 Ich schweige, wenn ich reden sollte
616,2 In der Zeit der Dürre schweigt das Herz
645,7 und alles schweiget
645,8 Begierden schweigt
648,1 der Vöglein Lieder schweigen

Schweigen
638,2 der mir mein Schweigen bricht

schwer
603,1 in deinem Beutel groß und schwer

Schwert
547,3 Kein Schwert, kein Spieß
587,4 Kein andre Waffe hier noch Schwert hilft

Schwester
601,2 Scharen von Schwestern und Brüdern
627,1 macht Bruder und Schwester zu Gottes Kind

schwingen
547,4 die Palmenzweige schwingend

See
544,2 über Flüsse und Seen.
646,2 das stille Tal, der lichte See

Seele
580,1–4 das erhebt meine Seele zu dir (Kehrvers)
593,5 Komm, erquick auch unsre Seelen
597,1 du gibst der Seel, was ihr gebricht
598,7 allen Rat der Seele
600 Meine Seele preist den Herren
601,1–3 Den Herrn preist meine Seele
611,1 Harre, meine Seele
611,2 rett auch unsre Seele
618,1 das macht die Seele still und friedevoll
645,1 O meine Seel, merk auf
648,4 o Seele, was dein Herr dir beut
648,9 so laß zu dir die Seelen fliehn
650,3 Des Frommen Seele lebt bei Gott
650,7 Laß unsre ganze Seele dein

Segen
597,3 hoch erhöht zu ihrem Segen
643 Gottes Segen soll sie begleiten
648,2 wir sammeln seine Segen

Segenshand
647,1 Ohne deine Segenshand ist verloren

segnen
562,1 Segne und behüte uns durch deine Güte
574,1 Segne dieses Kind und hilf uns
590 Herr, wir bitten: Komm und segne uns
Segnend halte Hände über uns

sehen
536,1 Seht, das erste Licht schon brennt
539,2 dort in dem Stall werdet Wunderding sehen
539,4 man sieht ja kein Lichtlein
542,2 und läßt uns alle das Wunder hier seh'n
545,1 und sehen, wie einer für alle stirbt,
545,3 das Opfer der Welt zu sehen
547,1 Seht, der Eselreiter
547,2 Seht, der Wundertäter
547,3 Seht, der Friedenskönig
547,4 Seht, der Eselreiter
551,1 Seht, der Stein ist weggerückt
551,2 Seht, das Grab ist nicht mehr Grab
551,3 Seht, der Herr erstand vom Tod
559,2 die im Keim die Früchte sehn
559,3 unsern Himmel einzusehn
571,3 daß wir die Wege Gottes sehn
574,1 daß es sehen lernt mit seinen eigenen Augen
588,1 seht auf des Lichtes Schein
590,3 und nicht eher ruhn, bis wir dich im Lichte sehn
603,3 vom Baum aus kann ich Jesus sehn
603,4 dein Heiland sieht dich an
610,3 nur durch Gitter sehen wir uns
616,1 wer Christus in der Welt am Werke sieht
621,2 Ein Funke, kaum zu sehn, entfacht doch helle Flammen
628,2 Ich möchte gern dort Brücken bauen, wo alle tiefe Gräben sehn
630,2 Wo ein Mensch den andern sieht
637,3 Alle Augen springen auf, fangen an zu sehen
Augen sehen, Lahme gehen
648,8 um künftig Frucht zu sehen

sehnen
571,2 wir sehnen uns nach deinem Licht
625,3 Wir sehnen uns nach dir

Sehnsucht
584,4 Meine tiefe Sehnsucht nach Geborgenheit

Seite
536,3 er steht uns zur Seiten

selber
554,1–3 Gott will selber bei ihm sein (Kehrvers)
575,1 Gott selber gab das Leben
579,3 soll selber sein wie Brot
586,1 sich selber zu erhöhn
586,5 leit auf deiner Leidensbahn uns selber an der Hand
630,1 nicht nur an sich selber denkt
632,3 Wenn die Hand, die wir halten, uns selber hält

selbst
546,5 mich das Leben selbst geworden
578,4 gibst du dich selbst zur Speise
580,2 du bleibst selbst, Herr, mein Begleiter
587,8 Gottes Sohn, ist selbst in eurer Mitten
597,3 Wer aber hier sich selbst erhebt
602,2 Du, Herr, bist selbst die Wahrheit
610,2 Wir wollen Freiheit, um uns selbst zu finden
630,3 Wo ein Mensch sich selbst verschenkt
645,3 Ach, sammle selbst Begierden und Gedanken
649,2 Du hältst dich für uns selbst bereit

selig
537,1 daß wir durch ihn sollen selig werden
Immanuel, der uns selig macht
571,1 du seligmachend Wort des Herrn
599,1 Selig seid ihr, wenn ihr einfach lebt. Selig seid ihr, wenn ihr Lasten tragt
599,2 Selig seid ihr, wenn ihr lieben lernt. Selig seid ihr, wenn ihr Güte wagt
599,3 Selig seid ihr, wenn ihr Leiden merkt. Selig seid ihr, wenn ihr ehrlich bleibt
599,4 Selig seid ihr, wenn ihr Frieden macht. Selig seid ihr, wenn ihr Unrecht spürt
650,7 Laß unsre ganze Seele dein und selig unser Ende sein

Seligkeit
598,3 ein Meer von Seligkeiten

senden
537,2 seinen lieben Sohn gesandt von oben
612,3 Fürchte dich nicht, gesandt in den neuen Tag

senken
644,2 tief hinein in seine Erde senken
645,8 mein Wille sich in dich gelassen senket

setzen
621,3 setzt sie dich in Brand

seufzen
571,2 und seufzen auf: versäum uns nicht

Seufzen
571,4 daß unser Flehn und Seufzen sei

Shalom
641 Schenk uns, Herr, Shalom

Sicht
584,1 meine kurze Sicht bringe ich vor dich

sichtbar
583,3 in diesem Zeichen sichtbar mein Friede

Sieger
650,5 himmlisch seine Sieger krönt

siegen
547,3 Es siegt der Hosiannaruf
613,4 wie das Leben siegt

singen

536,1 Singet fröhlich im Advent / singt mit frohem Herzen
536,2 Singt von Hoffnung für die Welt
536,3 Singt von Frieden in der Welt
536,4 Singt von Liebe in der Welt
536,5 Singet fröhlich im Advent, / preiset Gottes Taten
537,1 Singet frisch und wohlgemut
537,2 singet alle gleich, lobet Gott vom Himmelreich
537,2 singen einen neuen Gesang dem Herren
537,3 singt mit ihn' das schöne Lied
538,1 singt und klingt, kommt, pfeift und trombt
538,1 Von Jesu singt und Maria
538,8 Singt Fried den Menschen weit und breit
539,4 Um und um singt's, um und um klingt's
541,1 Singt, singt, singt, singt, singt Frieden auf Erden
601,1 Einst sang Maria, sie jubelte Antwort
601,2 im Glauben singen, was damals Maria gesungen

Sinn

617,3 in Herz und Sinn gepräget sein
644,3 du Mensch deins Lebens Sinn
645,8 Vernunft und Sinnen, still

sinnen

578,8 Dank will ich dir sinnen

sitzen

598,6 du sitzest oder gehest

Sohn

537,1 und schicket seinen lieben Sohn auf Erden
537,2 seinen lieben Sohn gesandt von oben
571,1 du Pfand des Heils, das uns im Sohn der Vater gab
587,8 der Hohepriester, Gottes Sohn, ist selbst in eurer Mitten
650,3 aus aller ihrer Missetat durch seinen Sohn erlöset hat

Sonne

540 O klare Sonn, du schöner Stern / o Sonn, geh auf
546,3 Der Sonne und dem Regen preisgegeben
593,1 Sonne voller Glanz und Pracht
619,3 Er hält die Sonne und den Mond
620,1–4 Gottes Liebe ist wie die Sonne (Kehrvers)
644,1 die liebe Sonne leucht' und lacht
645,1 Der Abend kommt, die Sonne sich verdecket
645,10 Im Finstern sei des Geistes Licht und Sonne
646,1 Die Sonne hat mich müd gemacht
646,5 wenn er erwacht, die Sonne scheint
648,9 der Schwalben Heer der Sonn entgegen streben / an deiner Sonne leben

sonst

539,5 daß man auch heut ihm sonst keine andere Herberg
579,1 Das Weizenkorn muß sterben, sonst bleibt es ja allein
617,3 und sonst nichts zu lesen
645,1 In Gottes Schoß, sonst nirgend findst du Ruh
646,2 und was mir sonst gefällt

Sorge
574,4 von den Freuden und Sorgen
586,4 daß deine letzte Sorge war
616,2 meiner Angst und Sorge galt
622,2 aus dem Haus der Sorgen

spät
618,1 sei's spät, sei's früh
618,2 kommst nie zu spät

Speise
578,4 gibst du dich selbst zur Speise
583,1 der Tisch voll Speis
649,1 Du hältst die Speisen uns bereit

sperren
589,1 wo keiner sie in Kreise sperrt

spielen
589,1 laß sie dort munter spielen
606,1 Daß ich spielen darf
646,1 Ich hab gespielt

Spieß
547,3 Kein Schwert, kein Spieß, mit bloßer Hand

Sprache
574,2 auf die Sprache der Lieb

sprechen
537,3 sprechet all zugleich in ein' mit Freuden
583,1 Er spricht: Dies ist die Nacht
583,2 Er nimmt den Kelch und spricht
624,2 Daß ich mit dir sprechen kann
632,1 und das Wort, das wir sprechen
652 Christus spricht: Ich bin die Auferstehung

springen
606,1 Daß ich springen darf und mich freuen
637,1 Alle Knospen springen auf
637,3 Alle Augen springen auf

Sprung
622,2 einen Sprung aus dir heraus

spüren
545,3 zu spüren, wie unsere Not vergeht

Spur
616,1-3 Auf der Spur des Hirten

Stadt
547,1 Zieht so der Fürst in seine Stadt
547,2 Von Hosianna tönt die Stadt

Stärke
584,2 Wandle sie in Stärke
598,1 Er ist der Gott der Stärke
634,4 bleibt unsre Stärke
647,1 gib uns Weisheit, Kraft und Stärk

stärken
592 du Gott stärkst mich
631 in Gottes Namen wolln wir stärken
645,4 verschont, gestärket und geweidet
650,7 Ach Jesu Christ, dein bittrer Tod stärk uns

Stätte
545,4 zur Stätte der ewgen Klarheit

Stall
539,2 Dort in dem Stall
542,3 denn dieser arme Stall birgt doch so viel

Stand
647,1 ist verloren Stand und Land

Starke
633 Ehrfurcht den Starken

Staub
648,7 mischt sich wieder mit dem Staub
650,2 Aus Staube schuf ihn einst der Herr

Stecken
604,4 wird aus den toten Stecken die Liebe Blüten wecken

stehen
536,3 er steht uns zur Seiten
538,5 Tag und Nacht nicht stille stehn
539,4 Ein herziger Vater, der steht auch dabei
542,1 zeig, wo sie steht
542,2 nun bleibst du steh'n
542,4 steht noch dein heller Schein
545,3 unter dem Kreuze zu stehen
553,1 stand auf im Morgengrauen
577,3 Denke nicht, du stehst allein
578,2 Noch steh ich vor den Stufen
578,7 hier steht die Himmelsleiter
601,1 Wir stehn im Echo der Botschaft vom Leben
603,3 Laßt ihr mich nicht hier bei euch stehn
621,2 und die im Dunkeln stehn
637,3 Alle Lahmen stehen auf
645,5 so werd ich fester stehn
648,5 Denn wie die Felder öde stehn
651,1 was da steht, das wird fallen

steigen
578,5 Wie steigst du tief hernieder
638,1–3 bis das Lied zum Himmel steigt (Kehrvers)
648,1 des Herzens Opfer steigen
650,1 und steigt verklärt zu Gott hinauf

Stein
551,1 Seht, der Stein ist weggerückt
559,1 der den Stein vom Grabe hebt
610,3 ist gebaut aus Steinen unsrer Angst
621,1 Ins Wasser fällt ein Stein

stellen
587,2 auf euer Rufen ist's gestellt
590,1-3 hast du uns gestellt

sterben
545,1 wie einer für alle stirbt
546,1 muß sterben wie ein Weizenkorn, muß sterben um zu leben
546,4 Die Menschen müssen füreinander sterben
571,5 der für uns litt und starb
579,1 Das Weizenkorn muß sterben
629,2 Als Zeichen der Freiheit ist Jesus gestorben
632,5 der Tod, den wir sterben
652 der wird leben, auch wenn er stirbt
der wird nimmermehr sterben

Sterben
583,2 Dies ist mein Sterben für euch
651,1+3 Wir sind mitten im Leben zum Sterben bestimmt

still, Stille
538,5 Tag und Nacht nicht stille stehn
540 gehn wir zur Krippe still (Kanon)
618,1 das macht die Seele still und friedevoll
618,2 Drum wart ich still

621,1 Ins Wasser fällt ein Stein, ganz heimlich still und leise
645,1 alles sich zur Ruh und Stille strecket
645,6 im stillen Grund, mein Gott, zu schauen dich
645,7 rede du, laß mich ganz stille sein
645,8 Vernunft und Sinnen, still
646,2 das stille Tal, der lichte See

Stimme
538,3 Laßt hören euer Stimmen
538,5 Die Stimmen müssen lieblich gehn
587,6 er hört die Stimme, die ihm klagt
593,3 da man nicht die Stimme hört
650,1 bis ihn des Richters Stimme ruft

Storch
648,9 wie über Land und Meer der Störche Zug

stören
589,2 wo keiner ihre Kreise stört

stolz
586,2 führe unsre stolze Art in deine Demut
604,3 wenn wir die stolzen Rücken

Stolz, Stolze
578,2 mein Stolz und Undank schufen dir
594,5 vor den Stolzen uns bewahr
601,2 Die Stolzen stürzt er endlich vom Thron

strahlen
536,1 in alle Dunkelheit strahlen hell die Kerzen
536,5 Hell strahlt seiner Liebe Glanz
593, 4 strahle Tröstung in den Jammer, der die Welt umdunkelt hat

Strahl
644,2 Wir sollen Gottes Strahlen sein

Straße
573,2 er geht jetzt durch unsre Straßen
574,5 auf den Straßen der Erde
638,1–3 Ehre sei Gott auf der Erde in allen Straßen (Kehrvers)

streben
544,3 Wir suchen und streben
648,9 der Schwalben Heer der Sonn entgegen streben

Streit
590,2 In den Streit der Welt
628,4 Ich möchte keinen Streit anfangen
646,3 in dieser Welt voll Streit

streiten
536,3 wo Menschen streiten

Strom
544,1 Wir wandern schon lange im Strome

stürmisch
618,2 Du weißt, woher der Wind so stürmisch weht

stürzen
601,2 Die Stolzen stürzt er endlich vom Thron

stumm, Stumme
552,4 Viele Menschen sind blind oder stumm
585,1 dann bin ich plötzlich stumm
587,7 der Stummen Mund und Beter

633 Lieder den Stummen
637,4 Alle Stummen hier und da

stunden
634,1 gestundet ist die Zeit, die uns gegeben

Sturm
611,1 In allen Stürmen, in aller Not wird er dich beschirmen

Stern
539,1 Wie glänzen die Sternlein
540 O klare Sonn, du schöner Stern
542,1 Stern über Bethlehem, zeig uns den Weg
Stern über Bethlehem, führ uns zum Kind
542,2 Stern über Bethlehem, nun bleibst du steh'n
Stern über Bethlehem, in dieser Nacht
542,3 Stern über Bethlehem, wir sind am Ziel
Stern über Bethlehem, wir bleiben hier
542,4 Stern über Bethlehem, kehr'n wir zurück
Stern über Bethlehem, schein auch zu Haus
544,1–3 Wir folgen dem Stern
572,1 ist wie ein Stern in der Dunkelheit
573,1 unter uns erblüht sein Stern
634,1 Geliehen ist der Stern, auf dem wir leben

stets
550,2 stets alles so bliebe
562,2 der uns stets zu Christus weist

stolz
586,2 führe unsre stolze Art in deine Demut ein
604,3 wenn wir die stolzen Rücken

Stolz, Stolze
578,2 mein Stolz und Undank schufen dir
593,5 vor den Stolzen uns bewahr
601,2 Die Stolzen stürzt er endlich vom Thron

strecken
625,1 Wir strecken uns nach dir
645,1 alles sich zur Ruh und Stille strecket

Streit
590,2 In den Streit der Welt hast du uns gestellt
628,4 Ich möchte keinen Streit anfangen
646,3 wenn man sich haßt, verletzt, bekriegt in dieser Welt voll Streit

streiten
536,3 Singt von Frieden in der Welt dort, wo Menschen streiten

Stufe
578,2 Noch steh ich vor den Stufen

stumm
552,4 Viele Menschen sind blind oder stumm
585,1 dann bin ich plötzlich stumm

Sturm
546,3 das kleinste Korn in Sturm und Wind

648,6 Es braust der Sturm
wenn nun des Lebens rauher Sturm uns will zu Boden schmettern

suchen
544,1 wir suchen den Herrn
544,3 Wir suchen und streben
Wir suchen das Leben
551,3 sucht ihn nicht mehr hier
583,1 Er ruft die vielen her, die Hoffnung suchen
628,3 Ich suche unablässig Zeichen
631 in Gottes Namen wolln wir suchen

Sünde
626,1 nimmt die Last der Sünde weg

süß
538,6 Sehr süß muß sein der Orgel Klang,
süß über allen Vogelsang
617,3 Möcht deine süße Jesuliebe
648,3 Der Weinstock gibt die süße Kost

Sünder
571,4 steh uns armen Sündern bei

Tag
538,5 Tag und Nacht nicht stille stehn
553,4 Wird unser Tag sich neigen
555,1–2 an diesem Morgen und jeden Tag
557,2 erfüllt den Tag, daß es jeder spürt
562,2 Schenk uns deinen Frieden alle Tag hienieden
612,3 gesandt in den neuen Tag, für den du lebst
616,3 die in Jahr und Tag geweint
644,1 So wollen wir uns diesen Tag
646,1 Heut war ein schöner Tag

tagen
539,1 Es taget ja schon
611,1 Sei unverzagt, bald der Morgen tagt

Tagewerk
645,6 Da nun der Leib sein Tagewerk vollendet

täglich
573,1 und er ist uns täglich nah

Tal
544,2 Wir wandern durch Täler
578,7 drauf du uns nahst im finstern Tal
646,2 das stille Tal, der lichte See
650,4 Er wandelt' hier im finstern Tal

tanzen
589,2 laß sie dort fröhlich tanzen
604,1–4 in langen Ketten tanzen wir (Kehrvers)
606,2 Daß ich tanzen darf und mich freuen

Tat
536,5 Singet fröhlich im Advent, preiset Gottes Taten
575,4 Wir sagen es mit Worten und sagen's mit der Tat
621,1 da wirkt sie fort in Tat und Wort
629,1 Liebe, das sind Worte und Taten
Freiheit, das sind Worte und Taten
629,3 Hoffnung, das sind Worte und Taten

tatenlos
585,3 dann bin ich tatenlos

taufen, Taufe
577,3 Taufen dich in Jesu Namen

575,5 Gott nimmt das Kind beim Taufen

tausend
540 Aus tausend Traurigkeiten gehn wir zur Krippe still (Kanon)
613,3 Tausende zerstampft der Krieg

teilen
542,4 und was froh gemacht, teilen wir aus
552,1 einer teilte schon einmal das Brot
621,3 gehst du hinaus, teilst Liebe aus
632,1 Wenn das Brot, das wir teilen
632,4 und der Schmerz, den wir teilen
637,2 Alle Menschen auf der Welt fangen an zu teilen

Teil
571,6 ergreifen unser ewges Teil
635 Jeder Teil dieser Erde ist unserm Gott heilig

Thron
571,1 der Vater gab von seinem Thron
598,2 und seines Thrones Feste ist Wahrheit und Gerechtigkeit
601,2 Die Stolzen stürzt er endlich vom Thron

tief
571,4 füll das Herz uns an mit tiefem Reueschmerz
578,5 Wie steigst du tief hernieder
584,4 Meine tiefe Sehnsucht nach Geborgenheit
617,3 dein Name bliebe im Grunde tief gedrücket ein
622,2 wo der Himmel ist, nicht so tief verborgen
628,2 wo alle tiefe Gräben sehn
644,2 durch uns sich tief hinein in seine Erde senken

Tiefe
638,1 der aus der Tiefe mich holt

Tier
589,1 Lad viele Tiere ein ins Haus

Tisch
578,2 Zu Tisch läßt du mich rufen
583,1 der Tisch voll Speis und Trank
583,3 Dies ist der Tisch, an dem die vielen erfahren

Tod
537,1 führt aus Tod und Höll
550,1 wenn erst nach dem Tode Gerechtigkeit käme
550,3 Doch ist der Befreier vom Tod auferstanden
die mit dem Tod uns regieren
551,3 Seht, der Herr erstand vom Tod
552,1–4 Hoffnung, die aus dem Tod erstand (Kehrvers)
552,5 in den Tod und das Leben
553,1 Besiegt hat Jesus Tod und Nacht
579,1 Geheimnis des Glaubens: im Tod ist das Leben
579,2 Wer dieses Brot genommen, verkündet seinen Tod
581 Jesus Brot, Jesus Wein, vor unserm Tod Leben wird sein
616,2 der, des' Tod und Leben meiner Angst und Sorge galt
632,5 den Weg uns weist und der Tod, den wir sterben
639,3 lebst Du die Liebe bis zum Tod

650,2 erwacht dereinst aus dieses Todes Nacht
650,7 Ach Jesu Christ, dein bittrer Tod stärk uns

Todeslast
647,3 trage unsre Todeslast

Todesschrei
587,2 O hört den Todesschrei der Welt

tönen
547,2 Von Hosianna tönt die Stadt

töten
647,2 alles was uns könnte töten

tot
551,2 tot ist nicht mehr tot
604,4 aus den toten Stecken die Liebe Blüten wecken
637,4 Alle Mauern tot und hart

trachten
549 Trachtet nach dem, was droben ist

Träne
616,3 trocknet er die Tränen
638,3 der meine Tränen trocknet

träumen
606,2 Daß ich träumen darf
650,5 Dann wird's wie Träumenden uns sein

Träume
560,1+4 in der die Träume sich erfüllen
610,2 Freiheit, die auch offen ist für Träume
633 Träume uns allen, weil wir sie brauchen

tragen
536,2 Christus hilft sie tragen
546,2 er trägt das Los
585,3 und wenn mein Glaube tragen sollte, dann bin ich tatenlos
588,1 Tragt in die Welt nun ein Licht
588,2 Tragt zu den Alten ein Licht
588,3 Tragt zu den Kranken ein Licht
588,4 Tragt zu den Kindern ein Licht
599,1 Selig seid ihr, wenn ihr Lasten tragt
604,1 von Christophorus, trägt auf seinem Rücken
604,2 und trüg auf meinem Rücken
612,2 Fürchte dich nicht, getragen von seinem Wort
626,2 Jesus trägt für alle Zeit unsre Last
627,3 wir hoffen, daß seine Liebe uns trägt
632,4 Wenn der Trost, den wir geben, uns weiter trägt
632,5 Wenn das Leid, das wir tragen, den Weg uns weist
647, Hilf uns, Herr, in letzten Zügen, trage unsre Todeslast
650,4 Du trugest Jesu Christi Joch

Trank
583,1 und Trank aus Gottes Hand

Traube
574,3 nach dem Brot und den Trauben

trauen
577,3 kannst der Macht der Liebe trauen
625,1 Wir trauen uns zu dir

628,1+5 Laß mich auf deine Brücken trauen

trauern
536,1 Singet fröhlich im Advent, laßt nun alles Trauern

Traurigkeit
540 Aus tausend Traurigkeiten (Kanon)
590,1 In der Traurigkeit, mitten in dem Leid
616,2 schweigt das Herz voll Traurigkeit

treffen
573,3 Hast du ihn noch nicht getroffen

treiben
539,2 treibt zusammen die Schäflein fürbaß
treibt zusammen einmal
545,2 Die Angst soll uns nicht von ihm treiben
593,1 treib hinweg die alte Nacht
613,1 daß der Mandelzweig wieder blüht und treibt

trennen
536,5 Keine Macht von Ihm uns trennt
573,2 Er hat allen Glanz verlassen, der ihn von den Menschen trennt
616,3 Er, der Trennendes durchbricht, füllt das Herz mit Zuversicht
621,2 da bleibt nichts, was uns trennt

Treppe
574,5 auf den mühsamen Treppen

treu
553,3 und bist ihm treu
553,4 Du treuer Jesus, bleib uns nah
586,3 von der Liebe Macht so treu gezeuget hast
611,1 der treue Gott
611,2 rett auch unsre Seele, du treuer Gott
620,4 Christus Jesus, ist treu
645,4 daß du so gut und treu
645,9 mein treuer Hirt, führ mich in dich hinein
648,8 so, treuer Vater, deckest du auch unsern Leib

Treue
611,2 Ewige Treue, Retter in Not

Trieb
617,1 ich geb mich hin dem freien Triebe

trinken
582,2 Nehmt den Kelch, trinkt
583,3 Nehmt hin und trinkt
617,2 aus dem der Selgen Schar dort trinkt

trocknen
616,3 trocknet er die Tränen
638,3 der meine Tränen trocknet

trösten
540 das Kind der Ewigkeiten uns alle trösten will (Kanon)
571,5 Du Wort der Gnade, tröstend Wort

Tröster
558,3 Heilger Geist, unser Tröster

tromben (trompeten)
538,1 kommt, pfeift und trombt

Tropfen
630,1–3 fällt ein Tropfen von dem Regen

Troß
547,4 Der Troß auf hohem Rosse lacht

Trost
572 es gibt Trost
632,4 Wenn der Trost, den wir geben

trüb
613,2 achtet dieses nicht gering in der trübsten Zeit

Trübsal
647,2 aller Trübsal und Gefahr

Trug
618,2 dein Wort ist ohne Trug

Tür
573,3 Halte deine Türen offen
602,5 Ich bin die Tür
628,4 jedoch zu meines Feindes Tür

Tun
536,4 wollen wir in allem Tun uns auf Christus gründen

tun
536,2 dies für andre auch zu tun
537,1 der so große Wunder tut
537,3 Schaut die lieben Engel an und tut
585,1–4 Herr, hilf das Rechte tun (Kehrvers)
590,3 Laß uns Gutes tun
593,2 sich noch manches Herz tut auf
603,1 Zachäus, böser reicher Mann, was hast du denn getan
607 Laßt uns dies gemeinsam tun
614,1–4 Herr, die nötigen Schritte tun
643 die viele kleine Schritte tun
646,4 Laß mich das Nöt'ge tun

Turm
648,6 O Jesu, sei uns Dach und Turm

überall
593,3 siegreich aufgehn überall
620,1–4 sie ist immer und überall da (Kehrvers)

überfließen
626,1 Freude, die überfließt

überwinden
586,5 wer hier mit überwand

Ufer
610,1-4 deine Liebe ist wie Gras und Ufer

umfangen
632,1 in der Liebe, die alles umfängt

umkehren
615 Kehret um, kehret um, und ihr werdet leben

umringen
597,4 Wenn mir, von Angst und Not umringt

umsonst
618,1 Ist's doch umsonst

umzingeln
587,8 Umzingelt Gottes Gnadenthron

unablässig
628,3 Ich suche unablässig Zeichen

unbekümmert
644,2 so unbekümmert, warm und schlicht

unbereitet
598,8 da ich unbereitet war

Undank
578,2 Stolz und Undank schufen dir

unendlich
598,3 Unendlich reich, ein Meer von Seligkeiten

Unerhörtes
547,1 Macht euch gefaßt auf Unerhörtes

ungewiß
578,1 Aus ungewissen Pfaden

Unrecht
599,4 Selig seid ihr, wenn ihr Unrecht spürt

Unruh
539,6 daß ihr dem Kindlein kein Unruh nicht macht
645,9 laß nicht den Geist zerstreuet in Unruh schweben

unterdrücken
552,2 verlacht und unterdrückt

untergehen
571,7 wenn Erd und Himmel untergeht
642,2 Damit die Welt nicht untergeht

unterwegs
544,3 Wir sind unterwegs

unverzagt
611,1 Sei unverzagt, bald der Morgen tagt

Vater
539,4 Ein herziger Vater
554,1 will ich den Vater bitten
558,1 Vater unser im Himmel, dir gehört unser Leben
571,1 das uns im Sohn der Vater gab von seinem Thron
648,8 so, treuer Vater, deckest du auch unsern Leib

väterlich
645,4 Recht väterlich hast du mich heut geleitet

verändern
620,2 Sie kann dich verändern
643 können das Gesicht der Welt verändern

verbannen
627,2 und die Angst verbannt

verbleichen
648,1 der Wald verbleicht

verbergen
622,2 nicht so tief verborgen

verdecken
645,1 die Sonne sich verdecket

verderben
647,2 verderben ganz und gar

Verdruß
647,2 daß Kreuz, Elend und Verdruß

vereinen
627,2 Darum loben wir Gott, der uns alle vereint

vergeben
645,5 Vergib es, Herr

vergehen
545,3 zu spüren, wie unsere Not vergeht
587,1 Die Welt vergeht in Nöten
613,2 Daß das Leben nicht verging
613,3 Tausende zerstampft der Krieg, eine Welt vergeht

vergessen
550,1 die Knechtschaft der Knechte vergessen wäre für immer
624,1 und mich nicht vergißt
627,2 und vergessen die Worte Feindschaft

vergnügt
645,9 mit dir kann ich vergnüget sein

Verheißung
574,1 das Land der Verheißung
574,2 das Wort der Verheißung

verirren
631 was verirrt ist, in Gottes Namen wolln wir heilen
645,5 wo ich mich heut verirret

verkennen
552,2 Viele werden verkannt und verlacht

verklären
571,7 verklär uns ganz
597,4 da Gnade dich verklärt
650,1 steigt verklärt zu Gott hinauf

verkünden
541 Verkündet die Gnade und Gottes Gefallen
579,2 verkündet seinen Tod
580,3 deine Liebe zu verkünden
590,2 deinen Frieden zu verkünden

verlachen
552,2 Viele werden verkannt und verlacht
587,5 Verlacht getrost den Arm der Welt

verlassen
536,4 wo auf Macht , Besitz und Geld alle sich verlassen
557,1–3 Gottes Geist verläßt uns nicht
573,2 Er hat allen Glanz verlassen
611,2 Gott verläßt uns nicht
630,3 und den alten Weg verläßt

verletzen
631 wolln wir heilen, was verletzt ist
646,3 wenn man sich haßt, verletzt, bekriegt

verlieren
584,3 Mein verlornes Zutraun
631 wir finden, was verloren ist
634,4 Verlier nicht die Geduld
647,1 Ohne deine Segenshand ist verloren Stand und Land

Vernunft
645,8 Vernunft und Sinnen, still

versagen
587,6 Er ist kein Mensch, daß er versagt

versammeln
563 Wo zwei oder drei in meinem Namen versammelt sind

versäumen
571,2 seufzen auf: versäum uns nicht

verschenken
579,2 verschenkte sich wie Brot
630,3 Wo ein Mensch sich selbst verschenkt

verschonen
587,4 der niemand will verschonen
645,4 bewahrt, verschont, gestärket

versenken
617,1 ins Meer der Liebe mich versenken

versklavt
610,3 Unser versklavtes Ich ist ein Gefängnis

versöhnen
560,2 in der die Völker sich versöhnen
650,5 Er litt viel mehr, der uns versöhnt

versprechen
601,2 als ihr geschah, wie der Engel versprochen

Versprechen
536,3 Christus sein Versprechen hält: er steht uns zur Seiten

verstehen
556,1 nicht jeder kann's verstehn
556,2 und jeder kann's verstehn
556,3 und können sich verstehn
559,3 die Geheimnisse verstehn

verstoßen
539,5 wer hat's denn also verstoßt

Vertrauen
590,2 deinem Wort Vertrauen schenkt
630,1 Wo ein Mensch Vertrauen gibt

vertrauen
553,1 die ihm vertrauen
602,1–6 Ich vertraue deinem Wort
634,2 Vertraue auf den Geist
639,5 vertraust Du uns die Schöpfung an

vertreiben
638,3 der meine Angst vertreibt, damit ich atme

Vertreter
587,7 der Heiligen Vertreter

verwesen
650,2 er schläft, verwest, erwacht dereinst

verwirren
645,5 durch dies und das verwirret

verzehren
554,3 das Feuer faßt, das nicht verzehrt
579,3 so läßt er sich verzehren

verzeihen
552,3 einer lehrt uns dem Feind zu verzeihn

verzweifeln
627,1 weckt Hoffnung, wo Menschen verzweifelt sind

viel
538,3 Laßt hören euer Stimmen viel
542,3 dieser arme Stall birgt doch so viel
552,1 Viele hungern, die andern sind satt

552,2 Viele werden verkannt und verlacht
552,3 Viele kennen nur Waffen und Krieg,
552,4 Viele Menschen sind blind oder stumm
579,4 Als Brot für viele Menschen hat uns der Herr erwählt
583,1 Er ruft die vielen her
583,2 Dies ist mein Sterben für euch und viele
583,3 an dem die vielen erfahren
589,2 Lad viele Tiere ein ins Haus
589,3 Lad viele Kinder ein ins Haus
589,4 Lad viele Alte ein ins Haus
603,1 Wo kommt das viele Geld her
639,6 trotz der vielen Völker Grenzen
643 Viele kleine Leute an vielen kleinen Orten
die viele kleine Schritte tun
650,4 er duldete viel Schmerz und Qual
650,5 Er litt viel mehr, der uns versöhnt

Völker
560,2 in der die Völker sich versöhnen
596 und preiset ihn, alle Völker
610,4 sie gilt für Menschen, Völker, Rassen
639,6 trotz der vielen Völker Grenzen

Vogel
645,2 das Vöglein fliegt zu seinem Neste

Vogelsang
538,6 süß über allen Vogelsang

voll
583,1 der Tisch voll Speis und Trank
593,1 Sonne voller Glanz und Pracht
614,1 voll Glauben, Herr
614,2 voll Liebe, Herr
614,3 voll Hoffnung, Herr,
616,2 schweigt das Herz voll Traurigkeit
645,10 bis ich erreich die volle Sabbatruh
646,3 bekriegt in dieser Welt voll Streit
648,3 aus voller Kelter fließt der Most

vollbringen
647,1 Werk wohl anfangen und vollbringen

vollenden
645,6 Da nun der Leib sein Tagewerk vollendet

Vollkommenheit
625,3 in dir wohnt die Vollkommenheit

Volk
547,1 das arme Volk, das macht er satt
547,2 So will's das Volk: Geschwind gesund
547,4 das Volk, die Palmenzweige schwingend
554,1–3 Gottes Volk geht nicht allein durch die Zeiten (Kehrvers)
578,7 mich doch bereiter zu deinem Volk und Mahl
578,8 Ich will dir Volk gewinnen

voraus
551,3 er geht euch voraus

vorne
614,3 heute von vorne zu beginnen

wachsen
589,4 dann wird die Freude wachsen
648,5 schnell wachsen seine Schatten
649,1 und läßt es wachsen
649,2 Es wächst dein Wort nach deinem Willen
649,3 Es wächst die Saat zu deiner Ernte

währen
597,4 da Gnade dich verklärt und ewig währt

Wärme
584,3 Wandle sie in Wärme

Waffen
552,3 Viele kennen nur Waffen und Krieg
587,4 Kein andre Waffe hier noch Schwert

wagen
577,1 an welches Ziel dich wagen
585,1–4 Hilf uns das Gute wagen (Kehrvers)
599,2 Selig seid ihr, wenn ihr Güte wagt
634,3 kannst du ihn wagen

Wahl
598,2 und seine Wahl das Beste

wahr
602,4 Du bist das wahre Brot

wahrhaftig
548 Er ist wahrhaftig auferstanden

Wahrhaftigkeit
625,2 in dir wohnt die Wahrhaftigkeit

Wahrheit
544,3 Wir forschen nach Wahrheit
545,4 da finden wir Christus in Wahrheit
571,3 Du Wort der Wahrheit
574,2 auf die Wahrheit der Weisen
598,2 seines Thrones Feste ist Wahrheit
602,2 Ich bin die Wahrheit
Du, Herr, bist selbst die Wahrheit
614,2 heute die Wahrheit zu leben
640,1 Leben in Wahrheit und Recht

Wald
646,2 der dunkle Wald auf Bergeshöh
648,1 der Wald verbleicht
648,6 der Wald erkracht

wandeln
578,4 wandelst mich nach deinem Bild
650,4 Er wandelt' hier im finstern Tal

wandern
544,1 Wir wandern schon lange im Strome der Zeit
544,2 Wir wandern durch Täler
601,1 Gottes Lob wandert, und Erde darf hören

Wandersmann
645,2 Der Wandersmann legt sich ermüdet nieder

Wanderer
648,6 der Wandrer eilt, um noch vor Nacht zu flüchten aus den Wettern

wanken
645,4 leicht aus Schwachheit von dir wanken

warm
644,2 so unbekümmert, warm und schlicht

warten
573,2 wartet, daß man ihn erkennt
618,3 Drum wart ich still

Wasser
560,3 neu ergrünen mit Wasser, Luft, Feuer
621,1 Ins Wasser fällt ein Stein

wecken
604,4 die Liebe Blüten wecken
627,1 weckt Hoffnung, wo Menschen verzweifelt sind

Weg
536,5 Laßt uns fröhlich im Advent Ihm den Weg bereiten
542,1 Stern über Bethlehem, zeig uns den Weg
544,1 Der Weg ist so lang. Der Weg ist so weit
544,2 Der Weg führt durch Wüsten, über Flüsse und Seen
546,2 Er geht den Weg, den alle Dinge gehen
er geht den Weg, er geht ihn bis zum Ende
546,5 Den gleichen Weg ist unser Gott gegangen
552,1–5 Licht auf unseren Wegen (Kehrvers)
553,4 damit das Licht, das dir geschah, auch uns den Weg wird zeigen
554,3 damit wir die Wege wissen, die wir gehen sollen
555,2 Jesu Wort für unsere Wege, Jesu Weg für unser Leben
557,2 Ein Licht weist den Weg, der zur Hoffnung führt
571,3 daß wir die Wege Gottes sehn und in der Welt nicht irre gehn
574,5 auf den Wegen des Friedens in das Land der Verheißung
577,1 Wenn du deine Wege gehst
578,7 Kein andrer Weg führt weiter, hier steht die Himmelsleiter
580,1 Herr, du kennst meinen Weg, und du ebnest die Bahn
und du führst mich den Weg durch die Wüste
580,3 Und nun zeig mir den Weg, und nun führ mich die Bahn
597,3 in ihm erfreut, von seinen Wegen
602,1 Du hast gesagt: Ich bin der Weg
Du bist der rechte Weg
616,1 Auf der Spur des Hirten führt der Weg durch weites Land
616,2 Auf der Spur des Hirten führt der Weg durch Einsamkeit
616,3 Auf der Spur des Hirten wird das Ziel des Weges licht
618,1 Weiß ich den Weg auch nicht, du weißt ihn wohl
618,2 Du weißt den Weg ja doch, du weißt die Zeit
du weißt den Weg für mich, das ist genug
630,3 Wo ein Mensch sich selbst verschenkt und den alten Weg verläßt
632,5 Wenn das Leid, das wir tragen, den Weg uns weist
638,2 Ich lobe meinen Gott, der mir den neuen Weg weist
639,1 Du gehst den Weg durch Leid und Armut
639,3 Du zeigst den neuen Weg des Friedens
639,6 der, trotz der vielen Völker Grenzen, den Weg zur Einigung uns weist

640,1 Laß uns den Weg der Gerechtigkeit gehn
640,3 Wege durch Leid und Entbehrung führen zu dir in dein Reich
643 Gottes Segen soll sie begleiten, wenn sie ihre Wege gehn

weggehen
554,1 wenn ich nun weggehe

wegnehmen
626,1 nimmt die Last der Sünde weg

wegrücken
551,1 Seht der Stein ist weggerückt

wehen
613,3 Doch des Lebens Blütensieg leicht im Winde weht
618,2 Du weißt, woher der Wind so stürmisch weht
648,5 die Nebel kalt darüber wehn

wehren
587,4 das Wort allein dem Feinde wehrt

Wehrlose
552,2 einer nahm sich der Wehrlosen an

weich
637,4 Alle Mauern tot und hart werden weich und fließen

weichen
553,3 wird er von dir nicht weichen

weiden
645,4 gestärket und geweidet

weihen
597,3 Dann singen sie dem Herrn geweiht

Wein
555,2 Brot und Wein für unsere Freiheit
578,4 In Brot und Weines Weise
580,2 und du reichst mir den Wein
581 Jesus Brot, Jesus Wein
Dank für Wein

weinen
616,3 die in Jahr und Tag geweint
646,5 der noch sorgt und weint

Weinstock
648,3 Der Weinstock gibt die süße Kost

Weise
578,4 In Brot und Weines Weise
586,1 des Weise nie gewesen ist

Weisen
547,2 auf die Wahrheit der Weisen

Weisheit
647,1 gib uns Weisheit, Kraft und Stärk

weit
538,8 Singt Fried den Menschen weit und breit
539,3 Ich hab nur ein wenig von weitem geguckt
544,1 Der Weg ist so weit
576,2 Es braucht die Kraft, du großer Gott, um weit zu gehn
578,7 Kein andrer Weg führt weiter
610,4 so weit, wie deine Liebe uns ergreift
616,1 führt der Weg durch weites Land

621,1 er zieht doch weite Kreise

Weite
584,1 Wandle sie in Weite
610,1–4 wie Wind und Weite

weitergeben
646,4 an andre Menschen weitergeb

weitergehen
550,2 die Knechtschaft der Knechte so weiterginge
559,2 daß das Leben weitergeht

Weizenkorn
546,1 muß sterben wie ein Weizenkorn
579,1 Das Weizenkorn muß sterben

Welt
536,2 Singt von Hoffnung für die Welt
536,3 Singt von Frieden in der Welt
536,4 Singt von Liebe in der Welt
545,3 Wir gehn hinauf nach Jerusalem, das Opfer der Welt zu sehen
545,4 Wo Leiden und Ohnmacht in unsrer Welt
550,1 Das könnte den Herren der Welt ja so passen
551,3 geht mit ihm in alle Welt
552,1 Viele hungern, die andern sind satt in dieser Welt
560,2 zusammenstehn im einen Haus der Welt
571,3 daß wir die Wege Gottes sehn und in der Welt nicht irre gehn
577,2 Kampf und Krieg zerreißt die Welt
583,2 Dies ist mein Sterben für euch und viele, für das Heil der Welt
587,1 Die Welt vergeht in Nöten
587,2 O hört den Todesschrei der Welt
587,5 Verlacht getrost den Arm der Welt
588,1 Tragt in die Welt nun ein Licht
590,1 In die Nacht der Welt hast du uns gestellt
590,2 In den Streit der Welt hast du uns gestellt
590,3 In das Leid der Welt hast du uns gestellt
593,1 Licht, das in die Welt gekommen
zieh in deinen Wunderschein bald die ganze Welt hinein
593,4 strahle Tröstung in den Jammer, der die Welt umdunkelt hat
598,3 Herr aller Welt, wer ist dir gleich
613,3 Tausende zerstampft der Krieg, eine Welt vergeht
616,1 wer Christus in der Welt am Werke sieht
619,1 Er hält die ganze Welt in seiner Hand
621,1 da wirkt sie fort in Tat und Wort, hinaus in unsre Welt
629,1 als Zeichen der Liebe für diese Welt
629,2 als Zeichen der Freiheit für diese Welt
629,3 als Zeichen der Hoffnung für diese Welt
630,2 Wo ein Mensch den andern sieht, nicht nur sich und seine Welt
632,1 dann wohnt er schon in unserer Welt
636,2 Alle Menschen auf der Welt fangen an zu teilen
642,1 Weil Gott die Welt geschaffen hat

642,2 Damit die Welt nicht untergeht
642,3 Daß uns die Welt erhalten bleibt
643,1 die viele kleine Schritte tun, können das Gesicht der Welt verändern
644,3 Gott schenkt sich uns in dieser Welt
646,2 Wie schön ist diese Welt
646,3 wenn man sich haßt, verletzt, bekriegt in dieser Welt voll Streit
648,5 so endet alle Lust der Welt

wenig
539,3 Ich hab nur ein wenig von weitem geguckt
650,5 o Lohn für wenig Pein

werfen
589,1–4 pflanz einen Baum, der Schatten wirft (Kehrvers)

Werk
555,1 Jesu Werk in unseren Händen Jesu Geist in unseren Werken
597,4 dein Werk nicht fahren
598,1 groß sind seine Werke
598,4 seiner Werke Heere sind ewig vor ihm offenbar
616,1 wer Christus in der Welt am Werke sieht
617,3 Im Wort, im Werk und allem Wesen
634,4 Inmitten aller Schuld ist Gott am Werke
645,6 mein Geist sich auch zu seinem Werke wendet
647,1 daß wir unser Amt und Werk wohl anfangen

wert
645,4 ich bin's nicht wert
648,7 sei noch so hoch und wert

Wesen
617,3 im Werk und allem Wesen sei Jesus
641 Friede mit der Schöpfung und allen Wesen

Wetter
648,6 flüchten aus den Wettern

weisen
554,2 An den Jüngern wies es sich
557,2 Ein Licht weist den Weg
562,2 der uns stets zu Christus weist
632,5 Wenn das Leid, das wir tragen, den Weg uns weist
634,2 Vertraue auf den Geist, der in die Zukunft weist
638,2 der mir den neuen Weg weist
639,6 den Weg zur Einigung uns weist

wenden
587,2 daß Gott den Jammer wende
645,6 sich auch zu seinem Werke wendet

Wende
604,3 Es gäbe eine Wende

widerfahren
537,3 große Freude widerfahre allen bis in Ewigkeit

widerstehen
642,2 laßt uns jetzt widerstehen mit allen

wiegen
598,8 Er wog mir dar, was er mir geben wollte

613,4 daß der Mandelzweig sich in Blüten wiegt

Wille
645,8 mein Wille sich in dich gelassen senket

Wind
546,3 das kleinste Korn in Sturm und Wind
610,1–4 wie Wind und Weite und wie ein Zuhaus
613,3 des Lebens Blütensieg leicht im Winde weht
618,2 Du weißt, woher der Wind so stürmisch weht

winken
578,3 da winkst du deinem Gast

Winter
611,1 ein neuer Frühling folgt dem Winter nach
648,8 eh der Winter naht

winzig
619,2 Er hält das winzig kleine Baby in seiner Hand

wissen
539,1 Ich weiß wohl
552,4 oder stumm und wissen's nicht
554,3 damit wir die Wege wissen
598,7 er weiß, wie oft ich Gutes tu und fehle
618,1 Weiß ich den Weg auch nicht, du weißt ihn wohl
618,2 Du weißt den Weg ja doch, du weißt die Zeit
Du weißt, woher der Wind so stürmisch weht
du weißt den Weg für mich
622,1 Weißt du, wo der Himmel ist, außen oder innen
622,2 Weißt du, wo der Himmel ist, nicht so tief verborgen
622,3 Weißt du, wo der Himmel ist, nicht so hoch da oben

Wir
634,3 um Wir zu sagen

wirken
621,1 da wirkt sie fort

wohl
538,7 Das Saitenspiel muß lauten wohl
539,1 Ich weiß wohl
559,1 welcher Engel wird wohl kommen
618,1 Weiß ich den Weg auch nicht, du weißt ihn wohl
647,1 daß wir unser Amt und Werk wohl anfangen und verbringen
laß alles wohl gelingen

Wohlgefallen
537,2 daß ihm unser Dienst ein Wohlgefallen sei
537,3 habt dran ein herzlichs Wohlgefallen

wohlgemut
537,1 Singet frisch und wohlgemut

wohnen
589,4 Komm, wohn mit mir in diesem Haus
595 der Erdkreis und die darauf wohnen
597,3 denn der Erhabne wohnet hoch
610,1 Frei sind wir, da zu wohnen
625,1 in dir wohnt die Lebendigkeit

625,2 in dir wohnt die Wahrhaftigkeit
625,3 in dir wohnt die Beständigkeit
627,1–3 Wo die Liebe wohnt, da wohnt auch Gott (Kehrvers)
632,1 dann wohnt er schon in unserer Welt

wollen

540 das Kind der Ewigkeiten uns alle trösten will (Kanon)
545,2 Wer will bei dem Herren bleiben
546,1 Wer leben will wie Gott auf dieser Erde
547,2 So will's das Volk
554,1–3 Gott will selber bei ihm sein (Kehrvers)
554,1 will ich den Vater bitten
556,3 Die Menschen hören, was Gott will
573,1 Er will uns zur Hilfe kommen
578,3 willst mir das deine geben
578,8 Dank will ich dir sinnen
Ich will dir Volk gewinnen
587,3 er will sich gern erbarmen
587,4 der niemand will verschonen
597,1 vor dir will ich mein Loblied singen
und will in deinem Heiligtum
602,1 ich komm zu dir und will dir folgen
603,4 dein Gast will ich noch heute sein
617,1 ich will, anstatt an mich zu denken
639,4 Du willst damit den Menschen helfen
644,2 Gott will durch uns sich tief hinein
645,8 Mein müder Geist im Herren ruhen will
648,6 des Lebens rauher Sturm uns will zu Boden schmettern

Wonne

645,10 mein Beistand, Kraft und Wonne

Wort

547,3 und bloßem Wort schafft er den Frieden
553,3 Zu seiner Kirche kommt er neu im Wort
554,1 Das ist des Herrn Wort an uns
555,2 Jesu Wort für unsere Wege
571,1 du seligmachend Wort des Herrn
571,3 Du Wort der Wahrheit
571,4 Du Wort der Buße
571,5 Du Wort der Gnade
571,6 Du Wort des Glaubens
571,7 du Wort, das noch in Kraft besteht
572 Gottes Wort ist wie Licht in der Nacht
573,3 Wird dir nicht sein Wort gesagt
574,2 das Wort der Verheißung
575,4 Wir sagen es mit Worten und sagen's mit der Tat
577,1 Welche Worte wirst du sagen
578,1 Aus ungewissen Pfaden rief mich dein Wort heraus
587,3 Nehmt ihn getrost bei seinem Wort
587,4 das Wort allein dem Feinde wehrt
590,2 deinem Wort Vertrauen schenkt
593.2 Gib dem Wort, das von dir zeuget
593,4 o erleuchte, ew'ges Wort
597,1 durch dein Wort hast du erhöhet
597,2 Was deines Mundes Wort verspricht

602,1–6 Ich vertraue deinem Wort
612,2 getragen von seinem Wort
616,1 hat mein Herz sein Wort erkannt
617,3 Im Wort, im Werk und allem Wesen
618,2 dein Wort ist ohne Trug
621,1 da wirkt sie fort in Tat und Wort
627,1 sein Wort ist das Licht in unserer Nacht
627,2 vergessen die Worte Feindschaft
629,1 Liebe ist nicht nur ein Wort Liebe, das sind Worte und Taten
629,2 Freiheit, das sind Worte und Taten
629,3 Hoffnung, das sind Worte und Taten
632,1 das Wort, das wir sprechen
649,1 Du gibst dein Wort
649,2 Es wächst dein Wort

wünschen
537,3 Wünschet Glück dem Christkindlein
604,2 Ich wünscht, ich hätte Hände wie Christophorus

Wüste
544,2 Der Weg führt durch Wüsten
580,1 du führst mich den Weg durch die Wüste
630,1-3 der aus Wüsten Gärten macht

Wunde
637,2 alle Wunden nah und fern fangen an zu heilen

Wunder
537,1 der so große Wunder tut
542,2 nun bleibst du steh'n und läßt uns alle das Wunder hier seh'n
574,4 von den Wundern des Lebens und dem Wort der Verheißung
601,3 Wunder der Wunder: Für uns wirst du Mensch

wunderbar
556,1 das ist noch heute wunderbar

Wunderding
539,2 dort in dem Stall werdet Wunderding sehen

wunderschön
539,4 ein' wunderschön Jungfrau kniet auch

Wundertäter
547,2 Seht, der Wundertäter

Wurzel
610,2 wo Baum und Blume Wurzeln schlagen

Zachäus
603,1 Zachäus, böser reicher Mann
603,2 Zachäus, armer reicher Mann
603,3 Zachäus, kluger kleiner Mann
603,4 Zachäus, froher kleiner Mann

zählen
577,2 Dabei zählen Macht und Geld
579,4 und nur die Liebe zählt

Zahl
578,2 läßt du mich rufen in deiner Kinder Zahl

zagen
536,2 Singt von Hoffnung für die Welt dort, wo Menschen zagen

Zaun
628,2 Ich möchte hinter Zäune schauen

Zebaoth
570 Heilig, heilig, Herr Gott Zebaoth

Zeichen
553,3 neu im Wort und in den Zeichen
583,3 in diesem Zeichen sichtbar mein Friede
628,3 Ich suche unablässig Zeichen des Friedens
629,1 Als Zeichen der Liebe
629,2 als Zeichen der Freiheit für diese Welt
629,3 als Zeichen der Hoffnung für diese Welt

zeigen
539,2 dort zeig ich euch was
542,1 Stern über Bethlehem, zeig uns den Weg
zeig, wo sie steht
553,4 auch uns den Weg wird zeigen
559,2 Welcher Engel wird uns zeigen
580,3 Und nun zeig mir den Weg
632,2 Wenn das Lied jedes Armen uns Christus zeigt
639,3 Du zeigst den neuen Weg des Friedens

Zeit
544,1 Wir wandern schon lange im Strome der Zeit
556,3 Zu jeder Zeit in jedem Land
557,1 durchbricht die Nacht und erhellt die Zeit
560,1–4 Es kommt die Zeit
593,2 eh die Zeit erfüllet ist
613,2 achtet dieses nicht gering in der trübsten Zeit
616,1 In der Zeit der Fülle hat mein Herz sein Wort erkannt
616,2 In der Zeit der Dürre schweigt das Herz
618,2 du weißt die Zeit
626,2 Jesus trägt für alle Zeit unsre Last
634,1 gestundet ist die Zeit
639,1 kommst Du als Mensch in unsre Zeit
649,1–3 in dieser Zeit ist deine Zeit

Zeiten
536,5 Hell strahlt seiner Liebe Glanz über Raum und Zeiten
545,1 Wir gehn hinauf nach Jerusalem in leidender Liebe Zeiten
553,2 Daß große Auferstehung sei, sagt an zu allen Zeiten
554,1–3 Gottes Volk geht nicht allein durch die Zeiten (Kehrvers)
554,1 einen Beistand schicken, der für alle Zeiten bei euch bleibt
598,3 ohn Anfang Gott und Gott in ewgen Zeiten

zerbrechen
587,6 und heilet, was zerbrochen

zerfallen
648,5 des Lebens Glanz und Kraft zerfällt

zerstreuet
645,9 laß nicht den Geist zerstreuet in Unruh schweben

zerreißen
577,2 Kampf und Krieg zerreißt die Welt
578,6 der bindet, was zerriß

zerstampfen
613,3 Tausende zerstampft der Krieg

zeugen, bezeugen
586,3 von der Liebe Macht so treu gezeuget hast
590,3 deine Liebe zu bezeugen
593,2 Gib dem Wort, das von dir zeuget

ziehen
547,1 Zieht so der Fürst in seine Stadt
589,3 die ihr Leben zog
589,4 weil unser Leben Kreise zieht
593,1 zieh in deinen Wunderschein bald die ganze Welt hinein
604,1–4 in langen Ketten ziehen wir (Kehrvers)
616,1 das Lied, das sich durch mein Leben zieht
621,1 ist er noch so klein, er zieht doch weite Kreise
621,3 seine Liebe kann in deinem Leben Kreise ziehn
648,9 zu deinem Paradiese ziehn

Ziel
542,3 wir sind am Ziel
577,1 und an welches Ziel dich wagen
616,3 Auf der Spur des Hirten wird das Ziel des Weges licht

Zinne
578,8 schaut die Zinnen des Reiches

zittern
539,5 Das Kindlein, das zittert vor Kälte und Frost

Zittern
650,6 zu der Ewigkeit mit Freud und Zittern uns bereit

zudecken
645,10 deck mich bei dir in deiner Hütte zu
648,8 deckest du auch unsern Leib mit Erde zu

zufügen
646,3 das eins dem andern zugefügt

Zug
647,3 Hilf uns, Herr, in letzten Zügen

zugreifen
648,2 wir greifen zu und holen ein

Zuhause
610,1 wie Wind und Weite und wie ein Zuhaus

zugleich
537,3 sprechet all zugleich in ein' mit Freuden

Zukunft
572 es hat Hoffnung und Zukunft gebracht
634,2 der in die Zukunft weist

zurückkehren
542,4 kehr'n wir zurück

zusammen
539,2 treibt zusammen die Schäflein fürbaß
treibt zusammen einmal
560,2 wenn alle befreit sind und zusammenstehn
621,2 die im Dunkeln stehn, die ruft der Schein zusammen
627,1 Christi Liebe hat uns zusammengebracht
643 können nur zusammen das Leben bestehn

zusprechen
587,6 was er uns zugesprochen

Zutrauen
584,3 Mein verlornes Zutraun

Zuversicht,
616,3 füllt das Herz mit Zuversicht

zuwider
597,3 in Hochmut lebt, ist ihm zuwider

zwei
553,2 Wo sich berufen zwei und drei
563 Wo zwei oder drei in meinem Namen versammelt sind

zweifeln
552,5 Viele zweifeln und glauben nicht mehr
585,3 Ich glaube, wenn ich zweifeln sollte